W9-COL-273

Über dieses Buch

»Gewissermaßen in Widerlegung des bekannten Wortes von Karl Kraus, daß ihm zu Hitler nichts mehr einfalle, legt der deutsch-britische Publizist Sebastian Haffner ein neues unorthodoxes Buch über den deutschen Diktator vor, in welchem der Autor demonstriert, daß man sehr wohl noch in ganz anderer Weise an das Hitler-Phänomen herangehen kann, als das in der Literaturflut der letzten Jahre geschehen ist.« Mit diesen Worten eröffnete die *Neue Zürcher Zeitung* ihren Kommentar zum Erscheinen des weithin aufsehenerregenden Hitler-Buches. Kaum ein herausragender Rezensent ließ es sich nehmen, den Band demonstrativ ausführlich zu besprechen. Monatelang führten die *Anmerkungen* des kenntnisreichen Außenseiters die Bestseller-Listen an.

In sieben selbständigen Kapiteln mit den Titeln ›Leben‹, ›Leistungen‹, ›Erfolge‹, ›Irrtümer‹, ›Fehler‹, ›Verbrechen‹ und ›Verrat‹ versucht der Autor, das Phänomen Hitler von verschiedenen Seiten, unter verschiedenen Aspekten und an verschiedenen Schlüsselstellen seiner Lebenskonstellation zu erhellen – einer Lebenskonstellation, die uns mit ihren abrupten Brüchen und Sprüngen und ihren politischen Erlösungs- und Rettungsmythen noch immer Rätsel aufgibt.

Der Autor

Sebastian Haffner, geboren 1907 in Berlin, Studium der Rechtswissenschaften, vor 1933 Mitarbeiter der angesehenen *Vossischen Zeitung*. 1938 Emigration nach England, dort tätig als Leiter der deutschsprachigen Londoner *Zeitung* und – bis 1961 – als Mitarbeiter des *Observer*. 1954 Rückkehr nach Deutschland, seit 1961 in Berlin ansässig; politischer Kolumnist zuerst für die *Welt*, später (seit 1963) für den *Stern*.

Er ist Autor mehrerer Bücher, darunter ›Winston Churchill‹ (1967); ›Die verratene Revolution 1918/19‹ (1970; Neuausgabe unter dem Titel: ›Die deutsche Revolution 1918/19. Wie war es wirklich?‹, 1979); ›Der Selbstmord des Deutschen Reiches‹ (1970); ›Preußen ohne Legende‹ (1979); ›Überlegungen eines Wechselwählers‹ (1980); ›Zur Zeitgeschichte. 36 Essays‹ (1982); ›Von Bismarck zu Hitler‹ (1987).

Für den vorliegenden Band (zuerst veröffentlicht 1978) erhielt Sebastian Haffner von der Stadt Düsseldorf den *Heinrich-Heine-Preis* des Jahres 1978 zuerkannt. Das Werk des Autors zeichne sich durch »Originalität und Klarsicht« aus und leiste »einen wesentlichen Beitrag zum Verständnis unferner deutscher Vergangenheit und damit auch der unmittelbaren Gegenwart«, heißt es in der Begründung der Jury.

SEBASTIAN HAFFNER

ANMERKUNGEN ZU HITLER

FISCHER TASCHENBUCH VERLAG

171.–180. Tausend: April 1988

Ungekürzte Ausgabe
Veröffentlicht im Fischer Taschenbuch Verlag GmbH,
Frankfurt am Main, März 1981

Lizenzausgabe mit freundlicher Genehmigung des
Kindler Verlages GmbH, München
© Kindler Verlag GmbH, München 1978
Umschlagentwurf: Jan Buchholz/Reni Hinsch
Druck und Bindung: Clausen & Bosse, Leck
Printed in Germany
ISBN 3-596-23489-1

INHALT

Leben 7

Leistungen 28

Erfolge 49

Irrtümer 74

Fehler 96

Verbrechen 121

Verrat 142

LEBEN

Adolf Hitlers Vater war ein Aufsteiger. Der uneheliche Sohn einer Dienstmagd brachte es zu einer gehobenen Beamtenstellung und starb geehrt und angesehen.

Der Sohn begann als Absteiger. Er beendete die Realschule nicht, scheiterte an der Aufnahmeprüfung für die Kunstakademie und führte von seinem achtzehnten bis zu seinem fünfundzwanzigsten Lebensjahr, erst in Wien, dann in München, ohne Beruf oder Berufsziel, eine Frührentner- und Bohemeexistenz. Seine Waisenrente und gelegentlicher Bilderverkauf hielten ihn über Wasser. Bei Kriegsausbruch 1914 meldete er sich freiwillig zur bayerischen Armee. Es folgten vier Jahre Frontdienst, in denen er sich durch Tapferkeit das Eiserne Kreuz beider Klassen erwarb, aber wegen mangelnder Führungsfähigkeiten nicht über den Rang eines Gefreiten hinauskam. Nach dem Kriegsende, das er als Gasversehrter in einem Heimatlazarett erlebte, blieb er ein Jahr lang ein »Kasernenbewohner«. Berufspläne und -aussichten hatte er auch jetzt nicht. Er war nun dreißig Jahre alt.

In diesem Alter schloß er sich, im Herbst 1919, einer kleinen rechtsradikalen Partei an, in der er bald eine tonangebende Rolle spielte, und damit begann eine politische Laufbahn, die ihn schließlich zu einer geschichtlichen Figur gemacht hat.

Hitler lebte vom 20. April 1889 bis 30. April 1945, also ziemlich genau sechsundfünfzig Jahre, weniger als die normale Lebensspanne. Zwischen den ersten dreißig und den folgenden sechsundzwanzig Jahren scheint eine unerklärliche Kluft zu liegen. Dreißig Jahre lang ein obskurer Versager; dann fast sofort eine politische Lokalgröße und am Ende der Mann, um den sich die ganze Weltpolitik dreht. Wie reimt sich das zusammen?

Die Kluft hat zu vielen Betrachtungen Anlaß gegeben, aber sie ist mehr scheinbar als wirklich. Nicht nur, weil auch Hitlers politische Laufbahn in ihren ersten zehn Jahren zerklüftet bleibt; und nicht nur, weil der Politiker

Hitler im Endergebnis sich ja ebenfalls als Versager, nun allerdings größten Stils, herausgestellt hat. Sondern vor allem deswegen, weil Hitlers persönliches Leben auch in seinem zweiten, öffentlichen Lebensabschnitt inhaltsarm und kümmerlich geblieben ist, während umgekehrt sein politisches Innenleben schon in den ersten, äußerlich belanglosen Lebensjahrzehnten bei genauerem Hinsehen vieles Ungewöhnliche aufweist, mit dem sich alles Spätere vorbereitet.

Der Schnitt, der allerdings durch Hitlers Leben geht, ist kein Querschnitt, sondern ein Längsschnitt. Nicht Schwäche und Versagen bis 1919, Kraft und Leistung seit 1920. Sondern vorher wie nachher eine ungewöhnliche Intensität des politischen Lebens und Erlebens bei ungewöhnlicher Dürftigkeit des persönlichen. Schon der obskure Bohemien der Vorkriegsjahre lebte und webte im politischen Zeitgeschehen, als wäre er ein Spitzenpolitiker; und noch der Führer und Reichskanzler blieb in seinem persönlichen Leben ein arrivierter Bohemien. Das entscheidende Kennzeichen dieses Lebens ist seine Eindimensionalität.

Viele Biographien tragen als Untertitel unter dem Namen ihres Helden die Worte: »Sein Leben und seine Zeit«, wobei das »und« mehr trennt als verbindet. Biographische und zeitgeschichtliche Kapitel wechseln; das große Individuum steht plastisch vor dem Hintergrund des flächenhaft eingezeichneten Zeitgeschehens, es hebt sich ebenso von ihm ab, wie es darin eingreift. Ein Leben Hitlers läßt sich so nicht schreiben. Alles, was daran zählt, verschmilzt mit der Zeitgeschichte, *ist* Zeitgeschichte. Der junge Hitler reflektiert sie; der mittlere reflektiert sie immer noch, wirkt aber auch schon auf sie ein; der spätere bestimmt sie. Erst wird er von der Geschichte gemacht, dann macht er Geschichte. Darüber lohnt sich zu reden. Was Hitlers Leben sonst hergibt, sind im wesentlichen Fehlanzeigen – nach 1919 wie vorher. Machen wir sie kurz ab.

In diesem Leben fehlt – »nachher« wie »vorher« – alles, was einem Menschenleben normalerweise Schwere, Wärme und Würde gibt: Bildung, Beruf, Liebe und Freundschaft, Ehe, Vaterschaft. Es ist, von der Politik und der politischen Leidenschaft einmal abgesehen, ein inhaltloses Leben, und daher ein zwar gewiß nicht glückliches, aber eigentümlich leichtes, leicht wiegendes, leicht wegzuwerfendes. Ständige Selbstmordbereitschaft begleitet denn auch Hitlers ganze politische Laufbahn. Und am Ende steht wirklich, wie selbstverständlich, ein Selbstmord.

Hitlers Ehelosigkeit und Kinderlosigkeit* ist bekannt. Auch die Liebe hat in seinem Leben eine ungewöhnlich geringe Rolle gespielt. Es gibt ein paar Frauen in seinem Leben, nicht viele; er behandelt sie als Nebensache und machte sie nicht glücklich. Eva Braun versuchte aus Kummer über Vernachlässigung und ständige Kränkungen (»er braucht mich nur zu bestimmten Zwecken«) zweimal, Selbstmord zu begehen; ihre Vorgängerin, Hitlers Nichte Geli Raubal, tat es wirklich – wahrscheinlich aus demselben Grunde. Jedenfalls war Hitler auf einer Wahlreise unterwegs und hatte sie nicht mitgenommen, als sie ihn durch ihre Tat nötigte, einmal – ein einziges Mal – das, was ihm wichtiger war, um ihretwillen zu unterbrechen. Hitler betrauerte sie und ersetzte sie. Diese trübe Geschichte ist das, was in Hitlers Leben einer großen Liebe am nächsten kommt.

Hitler hatte keine Freunde. Mit untergeordneten Hilfskräften – Fahrern, Leibwächtern, Sekretären – liebte er stundenlang zusammenzusitzen, wobei er allein das Wort führte. In dieser »Chauffeureska« entspannte er sich. Eigentliche Freundschaft wehrte er lebenslang ab. Seine Beziehungen mit Männern wie Göring, Goebbels, Himmler blieben immer kühl-distanziert. Den einzigen unter seinen Paladinen, mit dem er aus Frühzeiten auf du und du stand, Röhm, ließ er erschießen. Gewiß hauptsächlich, weil er politisch unbequem geworden war. Die Duzfreundschaft aber war jedenfalls kein Hemmnis. Wenn man Hitlers allgemeine Intimitätsscheu bedenkt, drängt sich sogar der Verdacht auf, daß Röhms verjährter Freundschaftsanspruch eher ein zusätzliches Motiv war, ihn aus der Welt zu schaffen.

Bleiben Bildung und Beruf. Eine geregelte Bildung hat Hitler nicht genossen; nur ein paar Jahre Realschule, mit

---

* Neuerdings wird behauptet, daß Hitler 1917 als Soldat in Frankreich mit einer Französin einen unehelichen Sohn gezeugt habe. Auch wenn es stimmt – er hat ihn nie gekannt. Das Erlebnis der Vaterschaft fehlt in Hitlers Leben.

schlechten Zensuren. Allerdings hat er in seinen Bummel-
jahren viel gelesen, aber – nach eigenem Eingeständnis –
vom Gelesenen immer nur das aufgenommen, was er
ohnedies schon zu wissen glaubte. Auf politischem Gebiet
hatte Hitler das Wissen eines leidenschaftlichen Zeitungs-
lesers. Wirklich beschlagen war er nur im Militärischen
und Militärtechnischen. Hier befähigte ihn die praktische
Erfahrung des Frontsoldaten, sich Gelesenes kritisch ver-
stehend anzueignen. So merkwürdig es klingt, diese Front-
erfahrung dürfte sein einziges Bildungserlebnis gewesen
sein. Im übrigen blieb er sein Leben lang der typische
Halbgebildete – einer, der alles schon immer besser wußte
und mit zusammengelesenem Halb- und Falschwissen um
sich warf, am liebsten vor einem Publikum, dem er damit
imponierte, weil es nichts wußte. Die Tischgespräche aus
dem Führerhauptquartier dokumentieren seine Bildungs-
mängel auf blamable Weise.
Einen Beruf hat Hitler nie gehabt und nie gesucht; im
Gegenteil, er hat ihn, solange Zeit dazu gewesen wäre,
geradezu gemieden. Seine Berufsscheu ist ein ebenso
auffallender Zug an ihm wie seine Ehescheu und seine
Intimitätsscheu. Man kann ihn auch nicht etwa einen
Berufspolitiker nennen. Politik war sein Leben, aber nie
sein Beruf. In seiner politischen Frühzeit gab er als Beruf
wechselnd Maler, Schriftsteller, Kaufmann und Werberedner an; später war er einfach der niemandem verant-
wortliche Führer – erst nur der Führer der Partei, schließlich Der Führer schlechthin. Das erste politische Amt, das
er je bekleidete, war das des Reichskanzlers; und vom
professionellen Standpunkt gesehen war er ein sonder-
barer Reichskanzler, der wegreiste, wann er wollte, Akten
las oder nicht las, wie und wann er wollte, Kabinettssitzun-
gen nur unregelmäßig abhielt und seit 1938 überhaupt
nicht mehr. Seine politische Arbeitsweise war niemals die
des höchsten Staatsbeamten, sondern die eines ungebun-
denen, freischaffenden Künstlers, der auf seine Inspiration
wartet, tagelang, wochenlang scheinbar faulenzt und sich
dann, wenn ihn der Geist überkommt, in plötzliche, hektische Aktivität stürzt. Eine geregelte Tätigkeit hat Hitler
zum ersten Mal in seinen letzten vier Lebensjahren ausge-
übt, als militärischer Oberbefehlshaber. Da allerdings

konnte er die täglichen zweimaligen Lagebesprechungen nicht schwänzen. Und da blieb die Inspiration dann mehr und mehr aus.

Vielleicht wird man sagen, Leere und Nichtigkeit des privaten Lebens sei nicht ungewöhnlich bei Männern, die sich ganz einem großen selbstgesetzten Ziel widmen und den Ehrgeiz haben, Geschichte zu machen. Ein Irrtum. Es gibt vier Männer, mit denen Hitler, aus jeweils verschiedenen Gründen, einen Vergleich herausfordert, den er allerdings nicht aushält: Napoleon, Bismarck, Lenin und Mao. Keiner von ihnen, auch Napoleon nicht, ist im Endergebnis so furchtbar gescheitert wie Hitler; das ist der Hauptgrund dafür, daß Hitler den Vergleich mit ihnen nicht besteht, aber er mag hier beiseite bleiben. Worauf wir im gegenwärtigen Zusammenhang hinweisen wollen, ist, daß keiner von ihnen so wie Hitler ein Nur-Politiker und auf allen anderen Gebieten eine Null war. Alle vier waren hochgebildet und hatten einen Beruf, in dem sie sich bewährt hatten, ehe sie »in die Politik gingen« und in die Geschichte eingingen: General, Diplomat, Anwalt, Lehrer. Alle vier waren verheiratet, Lenin als einziger kinderlos. Alle kannten die große Liebe: Josephine Beauharnis, Katharina Orlow, Inessa Armand, Tschiang Tsching. Das macht diese großen Männer menschlich; und ohne ihre volle Menschlichkeit würde ihrer Größe etwas fehlen. Hitler fehlt es.

Noch etwas fehlt ihm, das wir kurz erwähnen müssen, ehe wir zu dem kommen, was an Hitlers Leben wirklich der Betrachtung wert ist. Es gibt bei Hitler keine Entwicklung und Reifung seines Charakters und seiner persönlichen Substanz. Sein Charakter ist früh festgelegt – ein besseres Wort wäre vielleicht: arretiert – und bleibt sich auf eine erstaunliche Weise immer gleich; nichts kommt hinzu. Kein einnehmender Charakter. Alle weichen, liebenswürdigen, versöhnlichen Züge fehlen, wenn man nicht eine Kontaktscheu, die manchmal wie Schüchternheit wirkt, als einen versöhnlichen Zug gelten lassen will. Seine positiven Eigenschaften – Willenskraft, Wagemut, Tapferkeit, Zähigkeit – liegen alle auf der »harten« Seite. Die negativen erst recht: Rücksichtslosigkeit, Rachsucht, Treulosigkeit und Grausamkeit. Dazu kommt, und zwar ebenfalls von Anfang an, ein totaler Mangel an Fähigkeit zur Selbstkritik. Hitler war sein ganzes Leben lang ganz außerordentlich von sich eingenommen und neigte von seinen frühesten bis zu seinen letzten Tagen zur Selbstüberschätzung. Stalin und Mao haben den Kult mit ihrer Person kühl als politisches Mittel eingesetzt, ohne sich selbst davon den Kopf verdrehen zu lassen. Hitler war beim Hitlerkult nicht nur dessen Gegenstand, sondern auch der früheste, ausdauerndste und inbrünstigste Adorant.

Und damit genug von der Person und der unergiebigen persönlichen Biographie Hitlers und hinüber zu seiner politischen, die allerdings einer Betrachtung wert ist und der es auch, im Gegensatz zu der persönlichen, an Entwicklung und Steigerung nicht mangelt. Sie beginnt lange vor seinem ersten öffentlichen Auftreten und vollzieht sich in sieben Stufen oder Sprüngen.

1. Die frühe Konzentration auf Politik als Lebensersatz.

2. Die erste (noch private) politische Aktion: die Emigration von Österreich nach Deutschland.

3. Der Entschluß, Politiker zu werden.

4. Die Entdeckung seiner hypnotischen Fähigkeiten als Massenredner.

5. Der Entschluß, Der Führer zu werden.

6. Der Entschluß zur Unterordnung seines politischen Zeitplans unter seine persönliche Lebenserwartung. (Er ist zugleich der Entschluß zum Krieg.)

7. Der Entschluß zum Selbstmord.

Die beiden letzten Entschlüsse unterscheiden sich von den vorangehenden dadurch, daß es einsame Entschlüsse sind. Bei allen anderen sind die subjektive und die objektive Seite unzertrennlich. Sie sind Entschlüsse Hitlers, aber in und durch Hitler wirkt jedesmal zugleich der Zeitgeist oder die Zeitstimmung wie ein Wind, der in ein Segel fährt.

Schon das erwachende leidenschaftliche politische Interesse des Achtzehn- oder Neunzehnjährigen, der mit seinem künstlerischen Ehrgeiz gescheitert war, den Ehrgeiz als solchen aber in sein neues Interessengebiet mitbrachte, entsprach oder entsprang einer Zeitstimmung. Das Europa der ersten Vorkriegszeit war viel politischer als das heutige. Es war ein Europa der imperialistischen Großmächte – alle in dauernder Konkurrenz, dauerndem Positionskampf, dauernder Kriegsbereitschaft; das war spannend für jeden. Es war auch ein Europa der Klassenkämpfe und der versprochenen oder gefürchteten roten Revolution; auch das war spannend. So oder so wurde damals an jedem bürgerlichen Stammtisch, in jeder proletarischen Kneipe ständig politisiert. Das private Leben – nicht nur der Arbeiter, auch der Bürger – war damals viel enger und ärmer als heute. Aber dafür war jeder in den Abendstunden mit seinem Land ein Löwe oder ein Adler, mit seiner Klasse der Bannerträger einer großen Zukunft. Hitler, der sonst nichts zu tun hatte, war es den ganzen Tag. Politik war damals Lebensersatz, bis zu einem gewissen Grade für fast alle, für den jungen Hitler aber ganz und gar.

Nationalismus und Sozialismus waren mächtige, massenbewegende Losungen. Was für eine Sprengkraft mußten sie erst entfalten, wenn es gelang, sie irgendwie zu verbinden! Daß schon dem jungen Hitler dieser Einfall kam, ist möglich, nicht sicher. Er hat später geschrieben, er habe schon als Zwanzigjähriger, im Wien der Jahre um 1910, »das granitene Fundament« seiner politischen Weltanschauung gelegt, aber ob diese Weltanschauung wirklich den Namen Nationalsozialismus mit Recht trägt, darüber läßt sich streiten. Das wirkliche Hitlersche Urgestein, sein Erstes und Unterstes, das sich schon in seiner Wiener Zeit formierte, ist jedenfalls nicht eine Fusion von Nationalismus und Sozialismus, sondern eine Fusion von Nationalismus und Antisemitismus. Und zwar scheint dabei der Antisemitismus das Allererste gewesen zu sein. Ihn trug Hitler von Anfang an wie einen angeborenen Buckel mit sich herum. Aber auch der Nationalismus, ein ganz bestimmter, völkisch-großdeutsch geprägter Nationalismus, stammt ohne Zweifel schon aus seiner Wiener Zeit. Der Sozialismus dagegen ist höchstwahrscheinlich spätere Zutat.

Der Hitlersche Antisemitismus ist osteuropäisches Gewächs. In Westeuropa und auch in Deutschland war Antisemitismus um die Jahrhundertwende im Abflauen,

Assimilation und Integration der Juden erwünscht und in vollem Gange. Aber in Ost- und Südosteuropa, wo die zahlreichen Juden freiwillig oder unfreiwillig als abgesondertes Volk im Volke existierten, war (und ist?) der Antisemitismus endemisch und mörderisch, nicht auf Assimilation und Integration gerichtet, sondern auf Wegschaffen und Ausrotten. Und nach Wien, in dessen drittem Bezirk nach Metternichs bekanntem Wort der Balkan beginnt, reichte dieser mörderische, den Juden keinen Ausweg gönnende osteuropäische Antisemitismus tief hinein, dort schnappte ihn der junge Hitler auf. Wie, wissen wir nicht. Keine unangenehme persönliche Erfahrung ist berichtet, er selbst hat nichts dergleichen behauptet. Nach der Darstellung in »Mein Kampf« genügte die Wahrnehmung, daß Juden andere Menschen waren, für die Schlußfolgerung: »Weil sie anders sind, müssen sie weg.« Wie Hitler diese Schlußfolgerung später rationalisiert hat, dies darzustellen, muß einem späteren Kapitel vorbehalten bleiben, und wie er sie praktiziert hat, einem noch späteren. Fürs erste blieb der mörderische Antisemitismus osteuropäischer Abart, der sich tief und fest in den jungen Mann einfraß, ohne praktische Folgen selbst in seinem eigenem obskuren Leben.

Anders sein großdeutscher Nationalismus, das andere Produkt seiner Wiener Jahre. Er erzeugte 1913 den ersten politischen Entschluß seines Lebens – den Entschluß zur Emigration nach Deutschland.

Der junge Hitler war ein Österreicher, der sich nicht als Österreicher fühlte, sondern als Deutscher, und zwar als ein zu kurz gekommener, von Reichsgründung und Reich zu Unrecht ausgeschlossener, im Stich gelassener Deutscher. Damit teilte er die Gefühle vieler Deutschösterreicher seiner Zeit. Mit dem ganzen Deutschland hinter sich hatten die österreichischen Deutschen ihr Vielvölkerreich beherrschen und prägen können. Seit 1866 waren sie aus Deutschland ausgesperrt, in ihrem eigenen Reich eine Minderheit, gegen den erwachenden Nationalismus der vielen Muß-Österreicher auf die Dauer wehrlos, zu einer (nun schon mit den Ungarn geteilten) Vorherrschaft verurteilt, für die ihre Kraft und Zahl nicht mehr ausreichte. Man konnte aus einer so prekären Lage die verschiedensten Folgerungen ziehen. Der junge Hitler, im Folgerungenziehen immer schon stark, zog früh die radikalste: Österreich mußte zerfallen, aber bei diesem Zerfall mußte ein Großdeutsches Reich herauskommen, das alle deutschen Österreicher wieder umfaßte und dann die Kleinstaaten, die seine Miterben wurden, durch sein Schwergewicht wieder beherrschte. Im Geiste fühlte er sich schon nicht mehr als k. u. k.-Untertan, sondern als Bürger dieses kommenden Großdeutschen Reichs, und daraus zog er auch für sich selbst Folgerungen, wiederum die radikalsten: Im Frühjahr 1913 wanderte er aus.

Wir wissen heute, daß Hitler von Wien nach München emigrierte, um sich dem österreichischen Militärdienst zu entziehen. Daß dies nicht aus Drückebergerei und Feigheit geschah, bewies er, als er sich 1914 bei Kriegsausbruch sofort freiwillig meldete: nur eben bei der deutschen Armee, nicht bei der österreichischen. Der Krieg lag schon 1913 in der Luft; und Hitler wollte nicht für eine Sache kämpfen, von der er sich innerlich losgesagt hatte, und nicht für einen Staat, den er für verloren hielt. Er war damals noch weit davon entfernt, ein Politiker werden zu wollen – wie hätte er es als berufsloser Ausländer im deutschen Kaiserreich auch werden können? – aber er handelte bereits politisch.

Im Kriege war Hitler politisch glücklich. Nur sein Antisemitismus blieb unbefriedigt – wenn es nach ihm gegangen wäre, hätte man den Krieg benutzt, um im Reiche den »Internationalismus«, den er mit sz schrieb und mit dem er die Juden meinte, auszurotten. Aber sonst ging ja vier Jahre lang alles vorzüglich – Siege über Siege. Niederlagen hatten nur die Österreicher. »Mit Österreich wird die Sach kommen wie ich immer sagte«, schrieb er bescheidwisserisch an Münchner Bekannte aus dem Felde.

Wir kommen nun zu Hitlers Entschluß, Politiker zu werden – einem der vielen, die er als »den schwersten meines Lebens« bezeichnet hat. Objektiv möglich gemacht wurde er durch die Revolution von 1918. Im Kaiserreich wäre für einen Ausländer in Hitlers sozialer Position nicht einmal der Ansatz zu einer politischen Tätigkeit gegeben gewesen, es sei denn vielleicht in der SPD, in die Hitler aber nicht paßte und die ja im übrigen, was Einfluß auf die tatsächliche Staatspolitik betraf, eine Sackgasse war. Erst die Revolution machte für Parteien den Weg zur Staatsmacht frei und erschütterte zugleich das hergebrachte Parteiensystem so sehr, daß auch neue Parteien eine Chance bekamen – Neugründungen gab es 1918 und 1919 massenweise. Auch Hitlers österreichische Staatsangehörigkeit war jetzt kein Hindernis mehr für aktive Beteiligung an der deutschen Politik. Der Anschluß »Deutschösterreichs«, wie man es damals nannte, zwar durch die Siegermächte verboten, wurde beiderseits der Grenze seit 1918 leidenschaftlich gewünscht und innerlich vorweggenommen, so daß ein Österreicher in Deutschland praktisch kaum mehr als Ausländer galt. Und soziale Schranken gab es nach einer Revolution, die Fürstenherrschaft und Adelsprivileg beseitigt hatte, für einen deutschen Politiker überhaupt nicht mehr.

Wir betonen das so, weil es immer übersehen wird. Hitler führte sich bekanntlich als geschworener Feind der Revolution von 1918, des »Novemberverbrechens«, in die Politik ein, und deswegen sträubt sich etwas dagegen, ihn als ihr Produkt zu erkennen. Aber objektiv war er das, ebenso wie Napoleon ein Produkt der Französischen Revolution war, die er ja auch in gewissem Sinne überwand. Beide wären ohne die vorangegangene Revolution undenkbar. Beide haben auch nichts wiederhergestellt, was die Revolution abgeschafft hatte. Sie waren ihre Feinde, aber sie nahmen ihr Erbe an.

Auch subjektiv gab der November 1918, wie man Hitler in diesem Fall glauben darf, den Anstoß zu seinem Entschluß, Politiker zu werden, wenn er ihn auch erst im Herbst 1919 wirklich faßte. Aber November 1918 war sein Erweckungserlebnis. »Nie wieder darf und wird es in Deutschland einen November 1918 geben«, war, nach vielen politischen Grübeleien und Spekulationen, sein erster politischer *Vorsatz*, das erste konkrete Ziel, das sich der junge Privatpolitiker setzte – und übrigens das einzige, das er wirklich erreicht hat. Einen November 1918 hat es im Zweiten Weltkrieg wirklich nicht wieder gegeben: weder einen rechtzeitigen Abbruch des verlorengehenden Krieges noch eine Revolution. Hitler hat beides verhindert. Machen wir uns klar, was in diesem »Nie wieder ein

November 1918« alles enthalten war. Es ist eine Menge. Erstens der Vorsatz, eine künftige Revolution in einer Lage wie der des November 1918 unmöglich zu machen. Zweitens aber – sonst hinge das erste ja in der Luft – der Vorsatz, eine solche Lage wiederherzustellen. Und das bedeutete, drittens, bereits, den verlorenen oder verlorengegebenen Krieg wiederaufzunehmen. Viertens mußte der Krieg aus einer inneren Verfassung heraus wiederaufgenommen werden, in der es keine potentiell revolutionären Kräfte gab. Von da aus war es nicht weit zum fünften: Abschaffung aller linken Parteien – und warum dann nicht, in einem Aufwasch, gleich aller Parteien? Da man aber das, was hinter den linken Parteien stand, die Arbeiterschaft, nicht abschaffen konnte, mußte man sie politisch für den Nationalismus gewinnen, und das bedeutete, sechstens, man mußte ihr Sozialismus bieten, jedenfalls eine *Art* von Sozialismus, eben einen Nationalsozialismus. Ihren bisherigen Glauben aber, den Marxismus, mußte man – siebentens – ausrotten, und das bedeutete – achtens – die physische Vernichtung der marxistischen Politiker und Intellektuellen, unter denen gottlob eine ganze Menge Juden waren, so daß man – neuntens, und Hitlers ältester Wunsch – auch gleich alle Juden ausrotten durfte.

Man sieht, Hitlers innenpolitisches Programm ist in dem Augenblick, da er in die Politik eintritt, fast komplett beisammen. Er hatte, zwischen dem November 1918 und dem Oktober 1919, als er Politiker wurde, ja auch Zeit genug gehabt, sich alles klarzumachen und zurechtzulegen. Und das muß man ihm zugestehen, daß ihm das Talent, sich etwas klarzumachen und daraus Konsequenzen zu ziehen, nicht abging. Es hatte ihm schon in seiner Wiener Jugend nicht gemangelt, ebensowenig wie der Mut, die theoretisch – und zwar radikal – gezogenen Konsequenzen dann auch ebenso radikal in die Praxis umzusetzen. Bemerkenswert allerdings auch, daß das ganze Gedankengebäude auf einem Irrtum beruhte: dem Irrtum, daß die Revolution die Ursache der Niederlage gewesen wäre. In Wirklichkeit war sie ihre Folge. Aber das war ein Irrtum, den Hitler mit sehr vielen Deutschen teilte.

Ein außenpolitisches Programm bescherte ihm das Erwekkungserlebnis von 1918 noch nicht. Das hat er sich erst in den folgenden sechs oder sieben Jahren erarbeitet, aber wir wollen es hier gleich kurz miterledigen. Zuerst war nur der Entschluß da, den – nach Hitlers Meinung vorzeitig – abgebrochenen Krieg auf jeden Fall wiederaufzunehmen. Dann kam der Gedanke, den neuen Krieg nicht einfach als Wiederholung des alten anzulegen, sondern unter neuen, günstigeren Bündniskonstellationen, mit Ausnutzung der Gegensätze, die in und nach dem Ersten Weltkrieg die feindliche Koalition gesprengt hatten. Die Phasen, in denen sich dieser Gedanke entwickelt hat, und die verschiedenen Möglichkeiten, mit denen Hitler in den Jahren 1920–1925 gespielt hat, lassen wir hier weg; sie sind in anderen Büchern nachzulesen. Das schließliche Ergebnis jedenfalls, in »Mein Kampf« niedergelegt, war ein Plan, der England und Italien als Verbündete oder wohlwollende Neutrale vorsah, die österreichisch-ungarischen Nachfolgestaaten und auch Polen als Hilfsvölker, Frankreich als einen vorweg auszuschaltenden Nebenfeind und Rußland als zu erobernden und dauernd zu unterwerfenden Hauptfeind, aus dem deutscher Lebensraum, das »deutsche Indien« gemacht werden sollte. Es ist der Plan, der dem Zweiten Weltkrieg zugrunde lag, allerdings von Anfang an nicht aufging, da England und Polen die ihnen zugedachten Rollen nicht annahmen. Wir werden noch mehrmals darauf zurückkommen. Hier, wo wir es mit Hitlers politischer Entwicklung zu tun haben, können wir uns nicht länger dabei aufhalten.

Wir stehen jetzt bei Hitlers Eintritt in die Politik und in die Öffentlichkeit, im Herbst und Winter 1919/20. Es war sein Durchbruchserlebnis, nach dem Erweckungserlebnis vom November 1918. Und zwar bestand der Durchbruch nicht so sehr darin, daß er in der Deutschen Arbeiterpartei, die er alsbald in Nationalsozialistische Deutsche Arbeiterpartei umtaufte, schnell der führende Mann wurde. Dazu gehörte nicht viel. Die Partei war, als er in sie eintrat, ein trüber Hinterstubenverein mit wenigen hundert wenig bedeutenden Mitgliedern. Sondern das Durchbruchserlebnis war die Selbstentdeckung seiner Redegewalt. Sie kann genau datiert werden, auf den 24. Februar 1920, an dem Hitler mit durchschlagendem Erfolg seine erste Rede in einer Massenversammlung hielt.

Die Fähigkeit Hitlers, Versammlungen der verschiedensten Menschen – je größer und je gemischter, desto besser – in eine homogene, knetbare Masse zu verwandeln, diese Masse erst in eine Art Trancezustand zu versetzen und ihr dann etwas wie einen kollektiven Orgasmus zu bereiten, ist bekannt. Sie beruhte nicht eigentlich auf Redekunst – Hitlers Reden liefen langsam und stockend an, hatten wenig logischen Aufbau und manchmal kaum einen klaren Inhalt; außerdem wurden sie mit einer heiser-rauhen, gutturalen Stimme vorgetragen –, sondern sie war eine *hypnotische* Fähigkeit, die Fähigkeit einer konzentrierten Willenskraft, sich eines kollektiven Unterbewußtseins, wo es sich zur Verfügung stellte, jederzeit zu bemächtigen. Diese hypnotische Massenwirkung war Hitlers erstes und lange Zeit sein einziges politisches Kapital. Wie stark sie war, darüber gibt es seitens der von ihr Betroffenen unzählige Zeugnisse.

Wichtiger noch als die Wirkung auf die Massen war aber die Wirkung auf Hitler selbst. Man kann sie nur verstehen, wenn man sich vorstellt, wie es auf einen Mann, der Grund gehabt hat, sich für impotent zu halten, wirken muß, wenn er sich plötzlich imstande findet, Wunder der Potenz zu vollbringen. Hitler war schon früher, unter seinen Kriegskameraden, gelegentlich aus seiner normalen Schweigsamkeit in plötzliches wildes Reden und Sichereifern verfallen, wenn die Rede auf das kam, was ihn innerlich bewegte: die Politik und die Juden. Damals hatte er damit nur Befremden erregt und sich einen Ruf als »Spinner« erworben. Jetzt fand sich der »Spinner« plötzlich als ein Massenbeherrscher wieder, als der »Trommler«, der »König von München«. Aus dem stillen, bitteren Hochmut des Verkannten wurde dadurch das berauschte Selbstbewußtsein des Erfolgreichen.

Er wußte jetzt, daß er etwas konnte, was kein anderer konnte. Er wußte auch bereits, zumindest auf innenpolitischem Gebiet, genau, was er wollte; und er konnte nicht umhin zu bemerken, daß von den anderen, zunächst weit prominenteren Politikern der rechten Szene, auf der er in den nun folgenden Jahren eine Figur wurde, keiner wirklich genau wußte, was er wollte. Beides zusammen mußte ihm ein Gefühl der Einzigartigkeit geben, für das er immer schon, auch und gerade als Gescheiterter und »Verkannter«, eine Anlage gehabt hatte. Daraus entwickelte sich allmählich der wohl wirklich größte und umwälzende Entschluß seines politischen Lebens: der Entschluß, Der Führer zu werden.

Dieser Entschluß läßt sich nicht datieren, und er wurde auch nicht durch ein bestimmtes Ereignis ausgelöst. Man kann sicher sein, daß es ihn in den Anfangsjahren von Hitlers politischer Laufbahn noch nicht gab. Da war Hitler noch zufrieden damit, der Werberedner, der »Trommler« einer nationalen Erweckungsbewegung geworden zu sein. Er hatte noch Respekt vor den gefallenen Größen des Kaiserreichs, die sich damals in München zusammenfanden und Staatsstreichpläne verschiedenster Art ausheckten, besonders vor dem General Ludendorff, der in den letzten zwei Kriegsjahren der Kopf der deutschen Kriegsführung gewesen war und jetzt als anerkannte Zentralfigur aller umstürzlerischen Rechtsbewegungen figurierte.

Bei näherer Bekanntschaft verlor sich dieser Respekt. Zu dem Bewußtsein sicherer Massenbeherrschung, das er mit keinem teilte, gesellte sich bei Hitler nach und nach das Gefühl politischer und intellektueller Überlegenheit über alle denkbaren Konkurrenten. Irgendwann muß dazu die weitere Erkenntnis – eine nicht selbstverständliche Erkenntnis – gekommen sein, daß es bei dieser Konkurrenz nicht etwa nur um die Ämterverteilung und Rangfolge in einer künftigen Rechtsregierung ging, sondern tatsächlich um etwas nie Dagewesenes: die Stellung eines allmächtigen, durch keine Verfassung oder Gewaltenteilung gehemmten, in keine kollegiale Führung eingebundenen Diktators auf Dauer.

Hier macht sich das Vakuum bemerkbar, das das Verschwinden und Unmöglichwerden der Monarchie hinterlassen hatte und das die Weimarer Republik nicht ausfüllen konnte, da sie weder von den Revolutionären des November 1918 noch von deren Gegnern akzeptiert wurde, sondern, nach dem bekannten Schlagwort, eine »Republik ohne Republikaner« blieb. Es entstand in den frühen zwanziger Jahren eine Stimmung, in der, in Jakob Burckhardts Worten, »die Sehnsucht nach etwas, das den früheren Gewalten analog ist, unwiderstehlich wird« und

»für den *einen* arbeitet«. Und nicht nur als Ersatz für den verlorenen Kaiser ersehnte ein großer Teil der Nation »*den einen*«, sondern noch aus einem anderen Grunde: aus Gram um den verlorenen Krieg und hilflosem Groll gegen den als beleidigend empfundenen aufgezwungenen Friedensvertrag. Der Dichter Stefan George sprach eine weitverbreitete Stimmung aus, als er 1921 eine Zeit prophezeite, die

»*Den einzigen der hilft den Mann gebiert*«

und ihm auch gleich vorzeichnete, was er zu tun hatte:

»*Der sprengt die Ketten fegt auf trümmerstätten*
Die Ordnung, geisselt die verlaufnen heim
Ins ewige recht wo grosses wiederum gross ist
Herr wiederum herr, zucht wiederum zucht, er heftet
Das wahre sinnbild auf das völkische banner
Er führt durch sturm und grausige signale
Des frührots seiner treuen schar zum werk
des wachen tags und pflanzt das Neue Reich.«

Wie auf Hitler gemünzt! Sogar das »wahre sinnbild«, das Hakenkreuz nämlich, schmückte (allerdings ohne antisemitische Nebenbedeutung) bereits jahrzehntelang Stefan Georges Bücher. Schon ein älterer Vers Georges aus dem Jahre 1907, wirkt wie eine frühe Vision Hitlers:

»*Der mann! Die tat! so lechzen volk und hoher rat.*
Hofft nicht auf einen der an euren tischen ass!
Vielleicht wer jahrlang unter euren mördern sass,
In euren zellen schlief: steht auf und tut die tat.«*

---

* Stefan George (1868–1933), ein heute kaum mehr gelesener bedeutender Dichter und Männerbundgründer, wirkt in vielen Teilen seines späteren Werks, seit 1907, wie der Prophet des Dritten Reichs. Bemerkenswerterweise gefiel das Dritte Reich ihm gar nicht, als es dann kam. Den zu seinem fünfundsechzigsten Geburtstag, am 12. Juli 1933, für ihn vorgesehenen großen staatlichen Ehrungen entzog er sich durch Emigration in die Schweiz, wo er noch im selben Jahr starb. Ein Mitglied des Georgekreises und einer der letzten Jünger des alternden Dichters war Claus Graf Stauffenberg, der das Attentat vom 20. Juli 1944 auf Hittler verübte und dafür mit seinem Leben zahlte. Ursprünglich hatte er Hitlers Machtergreifung enthusiastisch begrüßt. Das Kapitel deutscher Geistesgeschichte, das »George-Hitler-Stauffenberg« heißt, wartet noch darauf, geschrieben zu werden.

Es ist unwahrscheinlich, daß Hitler die Verse Georges kannte, aber die weitverbreitete Stimmung, die sie ausdrückten, kannte er, und sie wirkte auf ihn. Trotzdem erforderte der Entschluß, selbst »der Mann« zu sein, auf den alle warten und von dem sie Wunder erwarten, unzweifelhaft einen gewissen wilden Mut, den außer Hitler damals und später keiner hatte. Im ersten Band von »Mein Kampf«, 1924 diktiert, dokumentiert sich dieser Entschluß vollausgereift, und bei der Neugründung der Partei 1925 wurde er zum ersten Mal formell ins Werk gesetzt. In der neuen NSDAP gab es von vornherein und ein für allemal nur *einen* Willen: den des Führers. Daß der Entschluß, Der Führer zu sein, später in weit größerem Rahmen verwirklicht wurde, ist in Hitlers innerer politischer Entwicklung ein geringerer Sprung als der ursprüngliche, ihn überhaupt zu wagen.

Dazwischen vergingen, je nachdem wie man rechnet, sechs, neun oder sogar zehn Jahre – denn die volle Allmacht des niemandem verantwortlichen »Führers« erreichte Hitler noch nicht einmal 1933, sondern erst 1934, mit dem Tode Hindenburgs – und Hitler war fünfundvierzig Jahre alt, als er Der Führer wurde. Damit aber stellte sich für ihn die Frage, wieviel von seinem innen- und außenpolitischen Programm er in der ihm verbleibenden Lebenszeit noch würde verwirklichen können; und diese Frage beantwortete er mit dem ungewöhnlichsten – auch heute noch nicht allgemein bekannten – seiner politischen Lebensbeschlüsse, dem ersten ganz geheimgehaltenen. Seine Antwort lautete: Das Ganze! Und diese Antwort implizierte eine Ungeheuerlichkeit: nämlich die Unterordnung seiner Politik und seines politischen Zeitplans unter die mutmaßliche Dauer seines irdischen Lebens.

Es ist ein im Wortsinn beispielloser Beschluß. Man erwäge: Menschen sind kurzlebig, Staaten und Völker langlebig. Darauf sind nicht nur alle Staatsverfassungen, republikanische wie monarchistische, mit Selbstverständlichkeit eingerichtet, auch die »großen Männer«, die »Geschichte machen« wollen, stellen sich – sei es aus Verstand, sei es aus Instinkt – darauf ein. Keiner der vier zum Beispiel, mit denen wir Hitler schon einmal verglichen haben, postulierte oder praktizierte seine Unersetzlichkeit. Bismarck zimmerte sich ein machtvolles, aber klar umgrenztes Amt in einem auf Dauer geplanten Verfassungssystem, und als er dies Amt räumen mußte, räumte er es – grollend, aber gehorsam. Napoleon versuchte, eine Dynastie zu gründen. Lenin und Mao organisierten die Parteien, die sie gründeten, zugleich als Pflanzstätten für ihre Nachfolge, und tatsächlich haben diese Parteien ja auch fähige Nachfolger produziert und unfähige, wenn auch unter manchmal blutigen Krisen, ausgeschaltet.

Nichts davon bei Hitler. Er richtete alles bewußt auf seine eigene Unersetzlichkeit ein, auf ein ewiges »Ich oder das Chaos«, beinahe könnte man sagen, auf ein »Nach mir die Sintflut«. Keine Verfassung; keine Dynastie – die wäre ja auch unzeitgemäß gewesen, von Hitlers Ehescheu und Kinderlosigkeit ganz abgesehen; aber auch keine wirklich staatstragende, Führer hervorbringende und überdauernde Partei. Die Partei war für Hitler nur das Instrument seiner persönlichen Machtergreifung; ein Politbüro hatte sie nie, und Kronprinzen ließ er darin nicht aufkommen. Über seine Lebenszeit hinauszudenken und vorzusorgen, weigerte er sich. Alles hatte durch ihn selbst zu geschehen.

Damit aber setzte er sich unter einen Zeitdruck, der zu überstürzten und unsachgemäßen politischen Entscheidungen führen mußte. Denn jede Politik ist unsachgemäß, die nicht von den Umständen und Möglichkeiten der jeweiligen Lage, sondern von der Dauer eines einzelnen Lebens bestimmt wird. Das aber bedeutete Hitlers Entschluß. Er bedeutete insbesondere, daß der große Lebensraum-Krieg, den er vorhatte, unbedingt noch zu seinen Lebzeiten, von ihm selbst, geführt werden mußte. Natürlich hat er darüber nie öffentlich gesprochen. Die Deutschen wären doch wohl ein wenig erschrocken, wenn er es getan hätte. Aber in den Bormanndiktaten vom Februar 1945 gibt er alles offen zu. Nachdem er sich darüber beklagt hat, daß er den Krieg ein Jahr zu spät begonnen habe, erst 1939 statt schon 1938 (»aber ich konnte ja nichts machen, da die Engländer und Franzosen in München alle meine Forderungen akzeptierten«), fährt er fort: »Verhängnisvollerweise muß ich alles während der kurzen Spanne eines Menschenlebens vollenden... Dort, wo die anderen über eine Ewigkeit verfügen, habe ich nur einige armselige Jahre. Die anderen wissen, daß sie Nachfolger haben werden...« Freilich, dafür, daß er keinen haben konnte, hatte er selbst gesorgt.

Auch in der Zeit des Kriegsausbruchs 1939 hat er ein paarmal – wenn auch nie öffentlich – durchblicken lassen, daß er die Geschichte Deutschlands seiner persönlichen Biographie ein- und unterzuordnen entschlossen war. Zu dem rumänischen Außenminister Gafencu sagte er bei dessen Berlinbesuch im Frühjahr 1939: »Ich bin jetzt fünfzig, ich will den Krieg lieber jetzt haben als wenn ich fünfundfünfzig bin oder sechzig.« Vor seinen Generalen, am 22. August, begründete er »seinen unumstößlichen Beschluß zum Krieg« unter anderm mit dem »Rang seiner Persönlichkeit und deren unvergleichlicher Autorität«, die später einmal vielleicht nicht mehr zur Verfügung stehen würde: »Niemand weiß, wie lange ich noch lebe.« Und einige Monate später, am 23. November, vor demselben Kreis, den er zu einer Beschleunigung der westlichen Offensivpläne drängt: »Als letzten Faktor muß ich in aller Bescheidenheit meine eigene Person nennen: unersetzbar. Weder eine militärische noch eine zivile Persönlichkeit könnte mich ersetzen. Attentatsversuche können sich wiederholen... Das Schicksal des Reiches hängt nur von mir ab. Ich werde danach handeln.«

Im letzten Grunde also der Entschluß, Geschichte der Autobiographie unterzuordnen, Staats- und Völkerschicksale dem eigenen Lebenslauf; ein Gedanke von wahrhaft atemberaubender Verkehrtheit und Übertreibung. Wann er von Hitler Besitz ergriff, läßt sich nicht ausmachen. Keimhaft angelegt ist er freilich schon in Hitlers Führerbegriff, der bereits Mitte der zwanziger Jahre feststand: Von der absoluten Unverantwortlichkeit des Führers zu seiner absoluten Unersetzlichkeit ist es kein großer Schritt. Einiges spricht trotzdem dafür, daß Hitler diesen Schritt, der ja zugleich der entscheidende Schritt zum Kriege war, erst in der zweiten Hälfte der dreißiger Jahre tat. Das erste dokumentarische Anzeichen dafür ist das im sogenannten Hoßbachprotokoll aufgezeichnete Geheimgespräch vom 5. November 1937, in dem er seinen höchsten Ministern und Militärs den ersten, noch ziemlich vagen Einblick in sein Kriegsvorhaben eröffnete und ihnen damit noch einen gehörigen Schrecken einjagte. Es bedurfte wahrscheinlich der erstaunlichen, von ihm selbst nicht erwarteten Erfolge seiner ersten Regierungsjahre, um sein Selbstvertrauen ins Abergläubische zu steigern, bis zu dem Gefühl einer besonderen Erwähltheit, die ihn nicht nur berechtigte, sich mit Deutschland gleichzusetzen, sondern (»Das Schicksal des Reiches hängt nur von mir ab«) Leben und Sterben Deutschlands dem eigenen Leben und Sterben ein- und unterzuordnen, das war es jedenfalls, was er schließlich tat.

Dabei lag Leben und Sterben für ihn selbst immer dicht beieinander. Er endete bekanntlich durch Selbstmord, und dieser Selbstmord kam nicht aus heiterem Himmel. Vielmehr neigte er bei Mißerfolgen immer schon dazu, und es setzt den Punkt auf das i, daß er das Leben, von dem er Deutschlands Schicksal abhängig machte, zugleich jederzeit wegzuwerfen bereit war. Nach dem Scheitern des Münchener Putschs von 1923 erklärte er Ernst Hanfstaengl gegenüber, bei dem er sich zunächst verborgen hielt, nun werde er Schluß machen und sich erschießen, und es kostete Hanfstaengl nach seiner Bekundung einige Mühe, ihm das auszureden. In einer späteren Krise, im Dezember 1932, als der Partei die Spaltung drohte, äußerte er zu Goebbels, der es bezeugt hat: »Wenn die Partei auseinanderfällt, mache ich in fünf Minuten mit der Pistole Schluß.«

Man kann das angesichts seines wirklichen Selbstmords am 30. April 1945 nicht als bloße Redereien abtun. An der Äußerung zu Goebbels sind besonders die drei Worte »in fünf Minuten« aufschlußreich. In späteren Äußerungen, die immer in dieselbe Kerbe hauen, wurden daraus Sekunden und schließlich sogar »der Bruchteil einer Sekunde«. Offenbar beschäftigte Hitler sich sein Leben lang mit dem Gedanken, wie schnell ein Selbstmord zu bewältigen und wie leicht er daher sei. Nach Stalingrad machte er seiner Enttäuschung darüber, daß der Feldmarschall Paulus sich nicht erschossen hatte, statt sich den Russen zu ergeben, in folgendem Ausbruch Luft: »Der Mann hat sich totzuschießen, so wie sich früher die Feldherrn in das Schwert stürzten, wenn sie sahen, daß die Sache verloren war...

Wie einer Angst davor haben kann, vor dieser Sekunde, mit der er sich aus der Trübsal befreien kann, wenn ihn nicht die Pflicht in diesem Elendstal zurückhält! Na!« Und nach dem Attentat vom 20. Juli: »Wenn mein Leben beendet worden wäre, wäre es für mich persönlich, das darf ich sagen, nur eine Befreiung von Sorgen, schlaflosen Nächten und einem schweren Nervenleiden gewesen. Es ist nur der Bruchteil einer Sekunde, dann ist man von alldem erlöst und hat seine Ruhe und ewigen Frieden.«

Hitlers Selbstmord verursachte, als er wirklich erfolgte, denn auch kaum Überraschung, er wurde als etwas fast Selbstverständliches registriert, und das nicht etwa, weil Selbstmorde der Verantwortlichen nach verlorenen Kriegen allgemein etwas Selbstverständliches sind; das sind sie keineswegs, sie sind sogar äußerst selten. Er wirkte selbstverständlich, weil, im Rückblick, Hitlers Leben von vornherein darauf angelegt schien. Hitlers persönliches Leben war zu leer gewesen, um im Unglück für ihn der Bewahrung wert zu sein; und sein politisches Leben war fast von Anfang an ein Leben des Alles oder Nichts. Nachdem das Nichts herausgekommen war, ergab sich der Selbstmord wie von selbst. Den spezifischen Mut, der zum Selbstmord gehört, hatte Hitler immer gehabt, und man hätte ihn ihm, wenn man sich danach gefragt hätte, auch immer zugetraut. Man hat ihm dann den Selbstmord auch merkwürdigerweise kaum übelgenommen; er wirkte zu natürlich.

Was unnatürlich und wie ein peinlicher Stilbruch wirkte, war, daß er seine Geliebte, die ihm im Leben wenig bedeutet hatte, in den Tod mitnahm und, mit einer eigentümlich rührend spießbürgerlichen, effektverderbenden Geste, in den letzten vierundzwanzig Stunden vor dem gemeinsamen Ende noch heimlich heiratete. Und was zu seinem Glück erst viel später bekannt wurde – denn man hätte es ihm mit Recht *sehr* übel genommen –, war, daß er auch Deutschland, oder was davon übrig war, in seinen Tod mitzunehmen versucht hatte. Davon, und von seinem Verhältnis zu Deutschland überhaupt, wird im letzten Kapitel gehandelt werden unter der Überschrift »Verrat«.

Zunächst aber wollen wir uns jetzt Hitlers außerordentliche Leistungen und seine für die damals Mitlebenden noch erstaunlicheren Erfolge näher ansehen. Denn beides hat es ja unleugbar gegeben.

LEISTUNGEN

In den ersten sechs Jahren seiner zwölfjährigen Herrschaft überraschte Hitler Freund und Feind mit einer Reihe von Leistungen, die ihm vorher fast niemand zugetraut hatte. Es sind diese Leistungen, die damals seine Gegner – 1933 immerhin noch eine Mehrheit der Deutschen – verwirrten und innerlich entwaffneten und die ihm in Teilen der älteren Generation auch heute noch ein gewisses heimliches Renommee verschaffen.

Vorher hatte Hitler nur den Ruf eines Demagogen gehabt. Seine Leistungen als Massenredner und Massenhypnotiseur allerdings waren immer unbestreitbar gewesen und machten ihn in den Krisenjahren, die 1930–1932 ihren Höhepunkt erreichten, zu einem von Jahr zu Jahr ernsthafteren Anwärter auf die Macht. Aber kaum jemand erwartete, daß er sich, an die Macht gelangt, bewähren würde. Regieren, sagte man, ist eben etwas anderes als Reden halten. Auch fiel auf, daß Hitler in seinen Reden, in denen er die Regierenden maßlos beschimpfte, die ganze Macht für sich und seine Partei verlangte und den Unzufriedenen aller Richtungen unbekümmert um Widersprüche zum Munde redete, niemals einen einzigen konkreten Vorschlag machte, was etwa gegen Wirtschaftskrise und Arbeitslosigkeit – damals die allbeherrschende Sorge – getan werden sollte. Tucholsky sprach für viele, als er schrieb: »Den Mann gibt es gar nicht; er ist nur der Lärm, den er verursacht.« Um so größer war der psychologische Rückschlag, als der Mann sich nach 1933 als ein überaus tatkräftiger, einfallsreicher und effizienter Macher erwies.

Eins hätte allerdings den Beobachtern und Beurteilern Hitlers auch schon vor 1933 außer seiner Redegewalt auffallen müssen, wenn sie ein wenig besser hingesehen hätten: nämlich sein Organisationstalent, genauer gesagt, seine Fähigkeit, sich leistungsfähige Machtapparate zu schaffen und sie zu beherrschen. Die NSDAP der späten zwanziger Jahre war ganz und gar Hitlers Schöpfung; und sie war als Organisation jeder anderen Partei bereits überlegen, ehe sie, in den frühen dreißigern, Wählermassen hinter sich zu bringen begann. Sie stellte die altberühmte Parteiorganisation der SPD weit in den Schatten; noch mehr als diese in der Kaiserzeit gewesen war, war sie bereits ein Staat im Staate, ein Gegenstaat im kleinen. Und im Gegensatz zu der früh schwerfällig und selbstgenügsam gewordenen SPD besaß Hitlers NSDAP von Anfang an eine unheimliche Dynamik. Sie gehorchte nur *einem* beherrschenden Willen (Hitlers Fähigkeit, Konkurrenten und Opponenten in der Partei jederzeit fast spielend gleichzuschalten oder auszuschalten, war ebenfalls ein auf Künftiges deutender Zug, der genauen Beobachtern schon in den zwanziger Jahren hätte auffallen können), und sie war in die kleinsten Gliederungen hinunter voller Kampfeifer, eine dampfende und stampfende Wahlkampfmaschine, wie man sie in Deutschland vorher nicht gekannt hatte. Ebenso ließ Hitlers zweite Schöpfung der zwanziger Jahre, seine Bürgerkriegsarmee, die SA, alle anderen politischen Kampfverbände der Zeit – den deutschnationalen Stahlhelm, das sozialdemokratische Reichsbanner, selbst den kommunistischen Roten Frontkämpferbund – im Vergleich wie lahme Spießbürgervereine erscheinen. Sie übertraf sie alle bei weitem an Kampfbegierde und Draufgängertum, freilich auch an Brutalität und Mordlust. Sie – und sie allein – war wirklich gefürchtet.

Es war übrigens diese von Hitler bewußt geschürte Furcht, die dafür sorgte, daß der Terror und die Rechtsbrüche, die von März 1933 an Hitlers Machtergreifung begleiteten, so wenig Empörung und Widerstandswillen hervorriefen. Man hatte Schlimmeres gefürchtet. Die SA hatte ein Jahr lang mit blutrünstiger Vorfreude eine »Nacht der langen Messer« angekündigt. Sie fand nicht statt; es gab nur vereinzelte, heimliche und bald wieder unterdrückte, allerdings nie gesühnte Mordtaten an wenigen besonders verhaßten Gegnern. Hitler hatte persönlich und feierlich (unter Eid, als Zeuge vor dem Reichsgericht) angekündigt, daß nach seinem Machtantritt Köpfe rollen würden – die Köpfe der »Novemberverbrecher«. Danach wirkte es fast erleichternd, daß die Veteranen der Revolution von 1918 und die Prominenten der Republik im Frühjahr und

Sommer 1933 »nur« in Konzentrationslager eingesperrt wurden, wo sie zwar brutalen Mißhandlungen ausgesetzt und ihres Lebens nicht sicher waren, aber doch meistens früher oder später wieder herauskamen. Einige blieben sogar ganz unbehelligt. Man war auf Pogrome gefaßt gewesen; statt dessen gab es nur einen Tag lang – am 1. April 1933 – einen mehr symbolischen, unblutigen Boykott jüdischer Geschäfte. Kurz und gut, es war alles sehr schlimm, aber doch ein bißchen weniger schlimm als angedroht. Und diejenigen, die – wie sich später erwies, mit Recht – sagten: »Das ist alles nur der Anfang«, wurden scheinbar Lügen gestraft, als der Terror im Laufe der Jahre 1933 und 1934 langsam abklang und in den Jahren 1935–1937, den »guten« Nazijahren, einer gewissen, nur durch die Weiterexistenz der nunmehr immerhin schwächer belegten Konzentrationslager leise gestörten, Normalität Platz machte. Die anderen, die gesagt hatten: »Das sind alles nur bedauerliche Übergangserscheinungen«, schienen recht behalten zu haben.

Im ganzen muß man die Handhabung und Dosierung des Terrors in den ersten sechs Jahren – erst Furchterregung durch wüste Drohungen, dann schwere, aber hinter den Drohungen doch etwas zurückbleibende Terrormaßnahmen und danach allmählicher Übergang zu einer Beinahe-Normalität, aber ohne völligen Verzicht auf ein wenig Hintergrund-Terror – eine psychologische Meisterleistung Hitlers nennen. Sie sorgte bei den zunächst ablehnend oder abwartend Gestimmten – also der Mehrheit – für das rechte Maß von Einschüchterung, ohne sie zu verzweifeltem Widerstand zu treiben; und, noch wichtiger, ohne von den mehr positiv beurteilten Leistungen des Regimes allzusehr abzulenken.

Unter diesen positiven Leistungen Hitlers muß an erster Stelle, alles andere in den Schatten stellend, sein Wirtschaftswunder genannt werden. Den Ausdruck gab es damals noch nicht; er ist erst für die überraschend schnelle Wiederaufbau- und Wiederankurbelungsleistung der Ära Erhard nach dem Zweiten Weltkrieg geprägt worden. Aber er paßt noch viel besser auf das, was im Deutschland der mittleren dreißiger Jahre unter Hitler vor sich ging. Viel tiefer und stärker war damals der Eindruck, daß ein wirkliches Wunder vollbracht wurde; und daß der Mann, der es vollbrachte, also Hitler, ein Wundertäter war.

Im Januar 1933, als Hitler Reichkanzler wurde, gab es in Deutschland sechs Millionen Arbeitslose. Drei kurze Jahre später, 1936, herrschte Vollbeschäftigung. Aus schreiender Not und Massenelend war allgemein ein bescheiden-behaglicher Wohlstand geworden. Fast ebenso wichtig: An die Stelle von Ratlosigkeit und Hoffnungslosigkeit waren Zuversicht und Selbstvertrauen getreten. Und noch wunderbarer: Der Übergang von Depression zu Wirtschaftsblüte war ohne Inflation erreicht worden, bei völlig stabilen Löhnen und Preisen. Das ist später nicht einmal Ludwig Erhard gelungen.

Man kann sich die dankbare Verblüffung, mit der die Deutschen auf dieses Wunder reagierten und die insbesondere die deutsche Arbeiterschaft nach 1933 in hellen Haufen von der SPD und KPD zu Hitler umschwenken ließ, gar nicht groß genug vorstellen. Sie beherrschte in den Jahren 1936–1938 die deutsche Massenstimmung absolut und verwies jeden, der Hitler immer noch ablehnte, in die Rolle eines querulantischen Nörglers. »Der Mann mag seine Fehler haben, aber er hat uns wieder Arbeit und Brot gegeben« – das war in diesen Jahren die millionenfache Stimme der ehemaligen SPD- und KPD-Wähler, die noch 1933 die große Masse der Hitlergegner gebildet hatten.

War das deutsche Wirtschaftswunder der dreißiger Jahre wirklich eine Leistung Hitlers? Man wird die Frage trotz denkbarer Einwände wohl bejahen müssen. Es ist vollkommen richtig: Hitler war wirtschaftlich und wirtschaftspolitisch ein Laie; die einzelnen Einfälle, mit denen das Wirtschaftswunder in Gang gesetzt wurde, stammten größtenteils nicht von ihm, und besonders das halsbrecherische Finanzierungskunststück, von dem alles abhing, war eindeutig das Werk eines anderen Mannes: seines »Finanzzauberers« Hjalmar Schacht. Aber es war Hitler, der Schacht holte – erst an die Spitze der Reichsbank, dann auch des Wirtschaftsministeriums – und ihn machen ließ. Und es war Hitler, der all die Ankurbelungspläne, die schon vor ihm existiert hatten, aber vor ihm eben aus allen möglichen, hauptsächlich finanziellen Bedenken gestrandet waren, aus den Schubladen holen und ins Werk setzen ließ – von den Steuergutscheinen bis zu den Mefowechseln, vom Arbeitsdienst bis zu den Autobahnen. Er war kein Wirtschaftspolitiker, nein, und er hatte sich nie träumen lassen, daß er auf dem Umweg über eine Wirtschaftskrise und mit der Aufgabe, eine Massenarbeitslosigkeit zu beseitigen, zur Macht kommen würde. Die Aufgabe war ganz und gar nicht auf ihn zugeschnitten; in seinen Plänen und politischen Gedankengebäuden hatte das Wirtschaftliche bis 1933 kaum eine Rolle gespielt. aber er besaß genug politischen Instinkt, um zu begreifen, daß es jetzt für den Augenblick die Hauptrolle spielte, und, überraschenderweise, auch genug wirtschaftspolitischen Instinkt, um, im Gegensatz etwa zu dem unseligen Brüning, zu erfassen, daß Expansion in diesem Augenblick wichtiger war als budgetäre und monetäre Stabilität.

Außerdem besaß er freilich auch, im Gegensatz zu seinen Vorgängern, die Macht, mindestens den *Schein* momentärer Stabilität mit Gewalt zu erzwingen. Denn auch diese Schattenseite des Hitlerschen Wirtschaftswunders darf nicht übersehen werden: Da es sich inmitten einer fortdauernden Weltdepression abspielte und Deutschland zu einer Wohlstandsinsel machte, erforderte es die Abschottung der deutschen Wirtschaft gegen die Außenwelt, und da seine Finanzierung der Tendenz nach unvermeidlich inflationär war, erforderte es von oben auferlegte Zwangslöhne und -preise. Für ein diktatorisches Regime, mit den Konzentrationslagern im Hintergrund, war beides möglich: Hitler brauchte weder auf Unternehmerverbände noch auf Gewerkschaften Rücksicht zu nehmen, er konnte beide in der »Deutschen Arbeitsfront« zusammenzwingen und damit lahmlegen, und er konnte jeden Unternehmer, der ungenehmigte Auslandsgeschäfte machte oder die Preise seiner Ware erhöhte, ebenso ins KZ sperren wie jeden Arbeiter, der Lohnerhöhungen verlangte oder gar dafür zu streiken drohte. Auch insofern muß man das Wirtschaftswunder der dreißiger Jahre das Werk Hitlers nennen, und insofern waren sogar diejenigen in gewissem Sinne nur konsequent, die um des Wirtschaftswunders willen auch die Konzentrationslager in Kauf nahmen.

Das Wirtschaftswunder war Hitlers populärste Leistung, aber nicht seine einzige. Mindestens ebenso sensationell, und ebenso unerwartet, war die ebenfalls in den ersten sechs Jahren seiner Herrschaft erfolgreich durchgeführte Wiederbewaffnung und Aufrüstung Deutschlands. Als Hitler Reichskanzler wurde, hatte Deutschland ein 100 000-Mann-Heer ohne moderne Waffen, und keine Luftwaffe. 1938 war es die stärkste Militär- und Luftmacht Europas. Eine unglaubliche Leistung; Auch sie wäre zwar nicht ohne gewisse Vorarbeiten der Weimarer Zeit möglich gewesen, und auch sie war im einzelnen natürlich nicht Hitlersche Detailarbeit, sondern eine Gewaltleistung des militärischen Establishments. Aber Hitler gab den Befehl und die Inspiration; noch weniger als das Wirtschaftswunder ist das militärische Wunder ohne Hitlers entscheidenden Anstoß denkbar, und noch mehr als das Wirtschaftswunder, das eine Improvisation Hitlers war, entsprang es seinen langgehegten Plänen und Vorsätzen. Daß es sich in Hitlers Hand später nicht zum Segen für Deutschland ausgewirkt hat, ist eine Sache für sich. Eine Leistung bleibt es deswegen doch, und ebenso wie das Wirtschaftswunder eine Leistung, die vorher niemand Hitler zugetraut hätte. Daß er sie gegen alle Erwartung zustande brachte, erregte Staunen und Bewunderung, bei einigen wenigen vielleicht auch eine gewisse Bangigkeit (was hatte er mit dieser hektischen Rüstung vor?), bei den meisten aber Genugtuung und nationalen Stolz. Im Militärischen wie im Wirtschaftlichen hatte Hitler sich als ein Wundertäter erwiesen, dem nur noch verbohrte Rechthaberei Dank und Gefolgschaft verweigern konnte.

Zwei Aspekte der Hitlerschen Aufrüstungspolitik sollen hier kurz gestreift werden, ein dritter verlangt ein paar Worte mehr.

1. Es ist oft behauptet worden, Hitlers Wirtschaftswunder und sein militärisches Wunder seien im Grunde dasselbe gewesen, die Arbeitsbeschaffung sei ganz oder doch im wesentlichen durch die Aufrüstung erfolgt. Das stimmt nicht. Gewiß schaffte die allgemeine Wehrpflicht einige hunderttausend potentielle Arbeitslose von der Straße, und die Massenproduktion von Panzern, Kanonen und Flugzeugen setzte einige hunderttausend Metallarbeiter in

Lohn und Brot. Aber die große Mehrheit der sechs Millionen Arbeitslosen, die Hitler vorgefunden hatte, fand ihre Wiederbeschäftgiung in ganz normalen zivilen Industrien. Göring, der in seinem Leben viel prahlerischen Unsinn schwätzte, hat damals das irreführende Schlagwort in Umlauf gesetzt: »Kanonen statt Butter.« In Wirklichkeit produzierte das Dritte Reich Kanonen *und* Butter und noch vieles andere mehr.

2. Die Aufrüstung hatte auch eine wichtige außenpolitische Seite: Sie bedeutete zugleich die Außerkraftsetzung entscheidender Teile des Versailler Friedensvertrages, also einen politischen Triumph über Frankreich und England, und eine radikale Veränderung der europäischen Machtverhältnisse. Davon soll aber in anderem Zusammenhang, in dem Kapitel »Erfolge«, die Rede sein. Hier, wo wir es mit Hitlers Leistungen zu tun haben, interessiert die Leistung als solche.

3. In dieser Leistung steckt aber noch ein ganz persönlicher Beitrag Hitlers, der eine kurze Betrachtung verdient. Wir sagten oben, daß die gewaltige Detailarbeit der Aufrüstung nicht Sache Hitlers war, sondern des Kriegsministeriums und der Generalität. Davon ist eine Ausnahme zu machen. In einer bestimmten Detailfrage, die sich später im Kriegsverlauf als überaus wichtig erweisen sollte, griff Hitler selbst ein und legte die Organisation der neuen Wehrmacht, und damit ihre zukünftige Operationsweise, von sich aus fest: Er fällte, gegen die noch überwiegende Mehrheit der Fachmilitärs, die Entscheidung für die Schaffung integrierter, selbständig operierender Panzerdivisionen und Panzerarmeen. Diese neuartigen Heeresformationen, die 1938 nur die deutsche Armee besaß, erwiesen sich in den ersten beiden Kriegsjahren als feldzugentscheidende Waffe und wurden später von allen anderen Armeen nachgeahmt.

Ihre Schaffung ist Hitlers persönliches Verdienst und stellt seine größte Leistung auf militärischem Gebiet dar – eine größere als seine umstrittene Feldherrntätigkeit im Kriege. Ohne Hitler hätte sich die Minderheit der Generalität – vertreten vor allem durch Guderian –, die die Möglichkeiten einer selbständigen Panzerwaffe erkannt hatte, wahrscheinlich in Deutschland gegen die konservative Mehrheit ebensowenig durchgesetzt wie in England und Frankreich, wo die Panzeradvokaten Fuller und de Gaulle bekanntlich am Widerstand der Traditionalisten scheiterten. Es ist kaum übertrieben, wenn man sagt, daß in diesen für die Öffentlichkeit kaum interessanten, internen militärischen Kontroversen die Feldzüge der Jahre 1939–1941, insbesondere der Frankreichfeldzug von 1940, vorentschieden wurden. Daß Hitler dabei die richtige Entscheidung fällte, ist – im Gegensatz zu seinen anderen, von ihm selbst stets sofort effektvoll in Szene gesetzten Leistungen – eine verborgene Leistung, die zunächst nichts dazu beitrug, ihn populär zu machen; im Gegenteil, sie machte ihn bei den konservativen Militärs ausgesprochen unpopulär. Aber sie zahlte sich später aus – in seinem militärischen Triumph über Frankreich 1940, der vorübergehend selbst die letzten und standhaftesten seiner deutschen Gegner an sich selbst irre werden ließ.

Schon vorher aber, schon 1938, war es Hitler gelungen, die große Mehrheit der Mehrheit, die 1933 noch gegen ihn gestimmt hatte, für sich zu gewinnen, und das war vielleicht die größte Leistung von allen. Es ist eine Leistung, die heute für die überlebenden Älteren beschämend, für die nachgeborenen Jüngeren unverständlich ist. Heut liegt den Älteren das »Wie konnten wir?«, den Jüngeren das »Wie konntet ihr?« leicht auf der Zunge. Damals erforderte es aber ganz außerordentlichen Scharfblick und Tiefblick, in Hitlers Leistungen und Erfolgen schon die verborgenen Wurzeln der künftigen Katastrophe zu erkennen, und ganz außerordentliche Charakterstärke, sich der Wirkung dieser Leistungen und Erfolge zu entziehen. Hitlers bellende und geifernde Reden, die heute, wieder angehört, Ekel und Lachreiz erzeugen, hatten damals oft einen Tatsachenhintergrund, der dem Hörer innerlich die Widerrede verschlug. Es war dieser Tatsachenhintergrund, der wirkte, nicht das Bellen und Geifern. Hier ist ein Auszug aus Hitlers Rede vom 28. April 1939:

»Ich habe das Chaos in Deutschland überwunden, die Ordnung wiederhergestellt, die Produktion auf allen Gebieten unserer nationalen Wirtschaft ungeheuer gehoben ... Es ist mir gelungen, die uns allen so zu Herzen gehenden sieben Millionen Erwerbslosen restlos wieder in nützliche Produktionen einzubauen ... Ich habe das deutsche Volk nicht nur politisch geeint, sondern auch militärisch aufgerüstet, und ich habe weiter versucht, jenen Vertrag Blatt um Blatt zu beseitigen, der in seinen 448 Artikeln die gemeinste Vergewaltigung enthält, die jemals Völkern und Menschen zugemutet worden ist. Ich habe die uns 1919 geraubten Provinzen dem Reich wieder zurückgegeben, ich habe Millionen von uns weggerissenen, tiefunglücklichen Deutschen wieder in die Heimat geführt, ich habe die tausendjährige historische Einheit des deutschen Lebensraumes wiederhergestellt, und ich habe ... mich bemüht, dieses alles zu tun, ohne Blut zu vergießen und ohne meinem Volk oder anderen daher das Leid des Krieges zuzufügen. Ich habe dies ... als ein noch vor 21 Jahren unbekannter Arbeiter und Soldat meines Volkes, aus meiner eigenen Kraft geschaffen ...«

Ekelhafte Selbstbeweihräucherung. Lachhafter Stil (»die uns allen so zu Herzen gehenden sieben Millionen Erwerbslosen«). Aber, zum Teufel, es stimmte ja alles – oder fast alles. Wer sich an die paar Dinge klammerte, die vielleicht doch nicht stimmten (das Chaos überwunden – ohne Verfassung? Die Ordnung wiederhergestellt – mit Konzentrationslagern?), kam sich selbst manchmal wie ein kleinlich mängelsuchener Rechthaber vor. Der Rest – was konnte man im April 1939 dagegen vorbringen? Die Wirtschaft blühte ja wirklich wieder, die Arbeitslosen hatten wirklich wieder Arbeit (es waren nicht sieben Millionen gewesen, sondern sechs, aber gut), die Aufrüstung war Wirklichkeit, der Versailler Vertrag war wirklich totes Papier geworden (und wer hätte das 1933 für möglich gehalten!), das Saarland und das Memelgebiet gehörten wirklich wieder zum Reich, ebenso die Österreicher und Sudetendeutschen, und sie freuten sich wirklich darüber – ihren Jubelschrei hatte man noch im Ohr. Krieg hatte es wunderbarerweise deswegen wirklich nicht gegeben, und auch daß Hitler vor zwanzig Jahren wirklich ein Unbekannter gewesen war, konnte niemand bestreiten (allerdings kein Arbeiter, aber gut). Hatte er alles aus eigener Kraft geschaffen? Natürlich hatte er Helfer und Mitwirkende gehabt, aber konnte man im Ernst behaupten, es wäre alles auch ohne ihn gegangen? Konnte man also Hitler noch ablehnen, ohne alles, was er geleistet hatte, abzulehnen, und waren gegen diese Leistungen seine unangenehmen Züge und seine Übeltaten nicht nur Schönheitsfehler?

Was sich alte Hitlergegner, gebildete und geschmackvolle Bürger, selbst gläubige Christen oder Marxisten, in den mittleren und späteren dreißiger Jahren angesichts von Hitlers unleugbaren Leistungen und nicht abreißenden Wundertaten fragten – fragen mußten –, war: Könnte es sein, daß meine eigenen Maßstäbe falsch sind? Stimmt vielleicht alles nicht, was ich gelernt und woran ich geglaubt habe? Bin ich nicht durch das, was hier vor meinen Augen geschieht, widerlegt? Wenn die Welt – die wirtschaftliche Welt, die politische Welt, die moralische Welt – wirklich so wäre, wie ich immer geglaubt habe, dann müßte doch ein solcher Mann auf die schleunigste und lächerlichste Weise Schiffbruch machen, ja, er könnte doch überhaupt nie so weit gekommen sein, wie er gekommen ist! Er ist aber in weniger als zwanzig Jahren aus dem völligen Nichts zur Zentralfigur der Welt geworden, und alles gelingt ihm, auch das scheinbar Unmögliche, alles, alles! Beweist das nichts? Zwingt mich das nicht zu einer Generalrevision aller meiner Begriffe, auch der ästhetischen, auch der moralischen? Muß ich nicht mindestens zugeben, daß ich mich in meinen Erwartungen und Vorhersagen getäuscht habe, und mit Kritik sehr zurückhaltend, mit meinem Urteil sehr vorsichtig werden?

Durchaus begreiflich und sogar sympathisch, dieser Selbstzweifel. Aber von dort bis zum ersten, noch halb widerwilligen »Heil Hitler« war es nicht weit.

Die so durch den Augenschein Hitlerscher Leistungen Bekehrten oder Halbbekehrten wurden im allgemeinen keine Nationalsozialisten; aber sie wurden Hitleranhänger, Führergläubige. Und das waren auf den Höhepunkten der allgemeinen Führergläubigkeit wohl sicher mehr als neunzig Prozent aller Deutschen.

Eine ungeheure Leistung, so fast das ganze Volk hinter sich zu vereinigen, und in weniger als zehn Jahren vollbracht! Und vollbracht, im wesentlichen, nicht durch Demagogie, sondern – durch Leistung. Solange Hitler nur seine Demagogie, seine hypnotische Beredsamkeit, seine Berauschungs- und Benebelungskünste als Massenregisseur zur Verfügung gehabt hatte – in den zwanziger Jahren –, hatte er kaum je mehr als fünf Prozent der Deutschen damit zu Anhängern gemacht; bei den Reichstagswahlen von 1928 waren es 2,5 Prozent. Die nächsten vierzig Prozent trieb ihm in den Jahren 1930–1933 die wirtschaftliche Not zu – und das völlige, hilflose Versagen aller anderen Regierungen und Parteien angesichts dieser Not. Die letzten, entscheidenden fünfzig Prozent aber gewann er nach 1933 hauptsächlich durch Leistungen. Wer, etwa im Jahre 1938, in Kreisen, in denen das noch möglich war, ein kritisches Wort über Hitler sagte, bekam unweigerlich früher oder später, manchmal nach halber Zustimmung (»das mit den Juden gefällt mir auch nicht«), die Antwort zu hören: »Aber was hat der Mann alles geleistet!« Nicht etwa: »Aber wie mitreißend kann er reden!«, auch nicht: »Aber wie war es wieder herrlich auf dem letzten Parteitag!«, nicht einmal: »Aber was hat er für Erfolge!« Nein: »Was hat der Mann alles geleistet!« Und was konnte man im Jahre 1938, oder auch im Frühjahr 1939, darauf eigentlich erwidern?

Es gab noch eine zweite stehende Redensart, die Hitlers neu gewonne Anhänger damals ständig im Munde führten. Sie lautete: »Wenn das der Führer wüßte!«, und sie deutete an, daß Führergläubigkeit und Bekehrung zum Nationalsozialismus eben zweierlei blieben. Was den Menschen am Nationalsozialismus nicht gefiel – und es gab immer noch viele Menschen, denen vieles nicht gefiel –, davon suchten sie instinktiv Hitler zu entlasten. Objektiv natürlich mit Unrecht. Hitler war genau so für die zerstörerischen Maßnahmen seines Regimes verantwortlich wie für die aufbauenden. In gewissem Sinne muß man auch die Zerstörung des Rechtsstaates und des Verfassungsgefüges, auf die wir noch zurückkommen werden, »Leistungen« Hitlers nennen – Leistungen der Zerstörung, in denen ebensoviel Kraft steckte wie in den positiven Leistungen auf wirtschaftlichem und militärischem Gebiet. Irgendwo zwischen ihnen liegen seine Leistungen auf gesellschaftlichem Gebiet. In ihnen hält sich Zerstörendes und Aufbauendes die Waage.

Hitler hat in den zwölf Jahren seiner Herrschaft große gesellschaftliche Veränderungen bewirkt. Aber hier muß man sorgfältig unterscheiden.

Es gibt drei große gesellschaftliche Veränderungsprozesse, die schon im späten Kaiserreich begannen, sich unter Weimar wie auch unter Hitler fortsetzen und in der Bundesrepublik und DDR immer noch reißend weitergehen. Das sind erstens die Demokratisierung und Egalisierung der Gesellschaft, also die Auflösung der Stände und Auflockerung der Klassen; zweitens die Umwälzung der Sexualmoral, also die zunehmende Abwertung und Ablehnung christlicher Askese und bürgerlicher Dezenz; und drittens die Frauenemanzipation, also die fortschreitende Einebnung des Geschlechtsunterschieds in Rechtsordnung und Arbeitswelt. Auf diesen drei Gebieten ist Hitlers Leistung, ob positiv oder negativ, vergleichsweise gering, und wir gehen hier nur darauf ein, weil vielfach die falsche Vorstellung besteht, er habe die drei Entwicklungen aufgehalten oder zurückgedrängt.

Am deutlichsten ist das bei der Frauenemanzipation, die vom Nationalsozialismus bekanntlich verbal abgelehnt wurde. Tatsächlich aber hat sie, besonders in der zweiten, kriegerischen Sechsjahresspanne des Regimes, große Sprünge gemacht, und zwar mit voller Billigung und oft kräftiger Nachhilfe seitens Partei und Staat. Niemals sind Frauen in so viele Männerberufe und Männerfunktionen eingerückt wie im zweiten Weltkrieg, und das war nicht mehr rückgängig zu machen – wäre es wahrscheinlich auch nicht gewesen, wenn Hitler den Zweiten Weltkrieg überdauert hätte.

Auf dem Gebiet der Sexualmoral war die nationalsozialistische Einstellung im Verbalen widersprüchlich. Man pries deutsche Zucht und Sitte, eiferte aber auch gegen pfäffisches Muckertum und spießbürgerliche Muffigkeit und hatte nichts gegen »gesunde Sinnlichkeit« einzuwenden, besonders wenn sie, ehelich oder nicht, für erbgesunden Nachwuchs sorgte. Praktisch dampfte der Zug zum Körper- und Sexkult, der in den zwanziger Jahren abgefahren war, in den dreißigern und vierzigern ungebremst weiter.

Was schließlich die fortschreitende Abschaffung von Standesprivilegien und Niederlegung von Klassenschranken betraf, so waren die Nationalsozialisten sogar ganz offiziell dafür (im Gegensatz zu den italienischen Faschisten, die ja die Wiederherstellung eines »korporativen Staats«, also eines Ständestandes, auf ihre Fahne geschrieben hatten – einer von mehreren Gründen, Hitlers Nationalsozialismus und Mussolinis Faschismus nicht in einen Topf zu werfen). Nur das Vokabular änderten sie; was vorher »klassenlose Gesellschaft« geheißen hatte, hieß bei ihnen »Volksgemeinschaft«. Praktisch war es dasselbe. Unleugbar gab es unter Hitler, noch mehr sogar als vorher unter Weimar, massenhaften Auf- und Abstieg, Klassenvermischung und Klassenaufbrechung, – freie Bahn dem Tüchtigen« – und dem Gesinnungstüchtigen; durchaus nicht alles daran war erfreulich anzusehen, aber »fortschrittlich«, im Sinne fortschreitender Egalisierung, war es unbestreitbar. Am deutlichsten – und hier sogar von Hitler persönlich gefördert – war diese Entwicklung im Offizierskorps, das noch im Weimarer 100 000-Mann-Heer fast reine Adelsdomäne gewesen war. Hitlers erste Feldmarschälle, die aus der Weimarer Reichswehr stammten, hatten fast alle noch ein »von« vor dem Namen; unter den späteren fast keiner mehr.

Alles dies nur nebenbei und der Vollständigkeit halber; wie gesagt, es handelte sich dabei um Entwicklungen, die schon vor Hitler eingesetzt hatten und nach Hitler wie unter Hitler weitergingen, Entwicklungen, an denen Hitlers Wirksamkeit im Negativen oder Positiven nur wenig änderte. Aber *eine* große gesellschaftliche Veränderung gibt es, die Hitlers persönliches Werk war und die interessanterweise zwar in der Bundesrepublik rückgängig gemacht, in der DDR aber beibehalten und weiterentwickelt worden ist. Hitler selbst nannte sie die »Sozialisierung der Menschen«. »Was haben wir das nötig: Sozialisierung der Banken und Fabriken«, sagte er zu Rauschning. »Was das schon besagt, wenn ich die Menschen fest in eine Disziplin eingeordnet habe, aus der sie nicht heraus können ... Wir sozialisieren die Menschen.« Es ist die sozialistische Seite des Hitlerschen Nationalsozialismus, von der jetzt zu reden ist.

Wer mit Marx das entscheidende oder sogar das alleinige Merkmal des Sozialismus in der Sozialisierung der Produktionsmittel sieht, wird diese sozialistische Seite des Nationalsozialismus natürlich ableugnen. Hitler hat keine Produktionsmittel sozialisiert, also war er kein Sozialist:

Damit ist für den Marxisten alles erledigt. Aber Vorsicht! So einfach ist die Sache nicht. Interessanterweise haben ja auch die heutigen sozialistischen Staaten es allesamt nicht bei der Sozialisierung der Produktionsmittel bewenden lassen, sondern große Mühe darauf verwendet, außerdem auch »die Menschen zu sozialisieren«, also sie, möglichst von der Wiege bis zur Bahre, kollektiv zu organisieren und zu einer kollektiven, »sozialistischen« Lebensführung zu nötigen, sie »fest in eine Disziplin einzuordnen«. Es fragt sich durchaus, ob das nicht, trotz Marx, die wichtigere Seite des Sozialismus ist.

Man ist daran gewöhnt, in den Gegensatzkategorien Sozialismus und Kapitalismus zu denken. Aber richtiger, jedenfalls wichtiger, ist es wahrscheinlich, den Gegensatz zum Sozialismus im Individualismus zu sehen und nicht im Kapitalismus. Eine Art Kapitalismus ist nämlich der Sozialismus im Industriezeitalter ganz unvermeidlich ebenfalls. Auch ein sozialistischer Staat muß Kapital akkumulieren, erneuern und erweitern; die Arbeits- und Denkweise eines Managers oder Ingenieurs ist im Kapitalismus und im Sozialismus genau die gleiche, und Fabrikarbeit ist auch in einem sozialistischen Staat unvermeidlich entfremdete Arbeit; ob die Maschine und das Fließband, die er bedient, einem privaten Konzern oder einem volkseigenen Kombinat gehören, macht für den Arbeiter bei seiner Arbeit keinen erkennbaren praktischen Unterschied. Aber einen sehr großen Unterschied macht es, ob er nach der Arbeit sich selbst überlassen bleibt oder ob vor den Fabriktoren ein Kollektiv – man kann auch sagen: eine Gemeinschaft – auf ihn wartet. Mit anderen Worten: Wichtiger als die Entfremdung des Menschen von seiner Arbeit – an der in einer Industriewirtschaft wahrscheinlich unter keinem System etwas Entscheidendes zu ändern ist – ist die Entfremdung des Menschen von seinen Mitmenschen. Noch anders gesagt: Wenn das Ziel des Sozialismus die Beseitigung menschlicher Entfremdung ist, dann erreicht die Sozialisierung der Menschen dieses Ziel weit eher als die Sozialisierung der Produktionsmittel. Diese beseitigt vielleicht eine Ungerechtigkeit, allerdings, wenn die letzten dreißig oder sechzig Jahre irgend etwas beweisen, auf Kosten der Effektivität. Jene beseitigt wirklich

eine Entfremdung, nämlich die Entfremdung der Groß-
stadtmenschen voneinander, allerdings auf Kosten der
individuellen Freiheit. Denn Freiheit und Entfremdung
sind ebenso zwei Seiten derselben Medaille wie Gemeinschaft und Disziplin.

Sprechen wir konkret. Worin sich das Leben der riesigen
Mehrheit von Deutschen, die keine rassisch oder politisch
Ausgeschlossenen und Verfolgten waren, im Dritten
Reich von dem Leben im vorhitlerischen Deutschland und
auch von dem in der Bundesrepublik unterschied, worin es
aber dem Leben in der DDR gleicht wie ein Ei dem
andern, das war, daß es sich zum allergrößten Teil in
außerfamiliären Gemeinschaften oder Kollektiven abspielte, an denen für die meisten, ob die Mitgliedschaft nun
offizieller Zwang war oder nicht, praktisch kein Vorbei-
kommen war. Das Schulkind gehörte zum Jungvolk wie
heute in der DDR zu den Jungen Pionieren, der Heran-
wachsende fand ein zweites Zuhause in der Hitlerjugend
wie in der Freien Deutschen Jugend, der Mann im rüstigen
Alter trieb Wehrsport in der SA oder SS wie in der
Gesellschaft für Sport und Technik, die Frau betätigte sich
in der Deutschen Frauenschaft (dem Demokratischen
Frauenbund), und wer es zu etwas gebracht hatte oder
bringen wollte, gehörte in die Partei, damals im Dritten
Reich wie heute in der DDR; von den hunderterlei
nationalsozialistischen beziehungsweise sozialistischen
Berufs-, Hobby-, Sport-, Bildungs- und Freizeitverei-
nigungen (Kraft durch Freude! Schönheit der Arbeit!)
nicht zu reden. Selbstverständlich, die Lieder, die gesun-
gen, und die Reden, die gehalten werden, waren damals im
Dritten Reich andere als heute in der DDR. Aber die
Beschäftigungen – das Wandern, Marschieren und Kam-
pieren, das Singen und Feiern, das Basteln, Turnen und
Schießen – waren nicht zu unterscheiden, ebensowenig die
unleugbaren Geborgenheits-, Kameradschafts- und
Glücksgefühle, die in solchen Gemeinschaften gedeihen.
Hitler war darin unzweifelhaft Sozialist – ein sehr lei-
stungsstarker Sozialist sogar –, daß er die Menschen zu
diesem Glück zwang.

War es ein Glück? Oder wurde der Zwang dazu auch
wieder als Unglück empfunden? Die Menschen in der

heutigen DDR streben oft von ihrem Zwangsglück fort; aber wenn sie dann in die Bundesrepublik kommen, klagen sie ebensooft über das Alleingelassensein, das die Kehrseite der individuellen Freiheit ist. Es wird im Dritten Reich oft ähnlich damit gestanden haben. Wir wollen die Frage, ob der sozialisierte Mensch glücklicher ist oder der individuell lebende, hier nicht entscheiden.

Der Leser wird überhaupt (vielleicht mit Befremden) gemerkt haben, daß wir in diesem Kapitel, das von den Leistungen Hitlers handelt, mit Werturteilen sehr zurückgehalten haben. Das liegt in der Sache. Leistungen sind als solche moralisch neutral. Sie können nur gut oder schlecht sein, nicht gut oder böse. Hitler hat vieles Böse getan, und wir werden, in späteren Kapiteln, mehr als genug Gelegenheit haben, ihn moralisch zu verdammen. Aber man soll ihn nicht aus den falschen Gründen verdammen – ein Fehler, der sich seinerzeit schwer gerächt hat und der auch heute noch oft begangen wird. »Macht mir den Teufel nur nicht klein!« Die Versuchung war immer groß, Hitler, der ja seine mesquinen und lächerlichen Seiten hatte, zu unterschätzen; sie ist es heute, da er gescheitert ist, erst recht. Man sollte ihr nicht zu schnell nachgeben.

Gewiß zögert man mit Recht, ihn einen »großen Mann« zu nennen. »Gar nicht groß sind die bloßen kräftigen Ruinierer«, sagt Jacob Burckhardt, und als ein kräftiger Ruinierer hat sich Hitler ja erwiesen. Aber ohne jeden Zweifel hat er sich auch, und nicht nur im Ruinieren, als eine Leistungskanone größten Kalibers erwiesen. Ohne seine durchaus ungewöhnliche Leistungskraft wäre zwar die Katastrophe, die er zustande brachte, weniger gewaltig ausgefallen. Aber man darf nicht außer acht lassen, daß sein Weg in den Abgrund über hohe Gipfel führte.

Joachim Fest stellt in der Einleitung zu seiner Hitlerbiographie ein interessantes Gedankenexperiment an. Er schreibt: »Wenn Hitler Ende 1938 einem Attentat zum Opfer gefallen wäre, würden nur wenige zögern, ihn einen der größten Staatsmänner der Deutschen, vielleicht den Vollender ihrer Geschichte, zu nennen. Die aggressiven Reden und Mein Kampf, der Antisemitismus und das Weltherrschaftskonzept wären vermutlich als Phantasiewerk früher Jahre in die Vergessenheit geraten...

Sechseinhalb Jahre trennten Hitler von diesem Ruhm.«
Sechs Jahre«, wie Fest an anderer Stelle seines Buches
schreibt, »mit grotesken Irrtümern, Fehlern über Fehlern, Verbrechen, Krämpfen, Vernichtungswahn und
Tod.«

Nun meint Fest gewiß nicht, daß die Irrtümer, Fehler und
Verbrechen Hitlers erst in den letzten sechs Jahren begannen; gerade Fest hat in seinem Buch hervorragend heraus-
gearbeitet, wie tief ihre Wurzeln bis in Hitlers Frühzeit
zurückreichen. Andererseits hat Fest vollkommen recht
damit, daß sie sich erst in der zweiten Hälfte seiner
Herrschaft voll auswirkten oder entfalteten, in der ersten
aber durch unerwartete und von Hitler selbst nur vorbereitend gemeinte Leistungen und Erfolge überdeckt waren.
Auch damit hat Fest recht, daß der Herbst und Winter
1938/39 den Scheitelpunkt der Hitlerschen Laufbahn
darstellte: Bis dahin war es ständig aufwärts mit ihm
gegangen; von nun an bereiteten sich – bereitete er selbst –
Abstieg und Absturz vor. Sicher hätten die meisten Deutschen, wenn er damals einem Attentat (oder einem Unfall
oder einem Herzinfarkt) zum Opfer gefallen wäre, geglaubt, einen ihrer größten Männer an ihm verloren zu
haben. Aber hätten sie damit recht gehabt, und würde man
heute über einen 1938 verstorbenen Hitler rückblickend
noch so denken?

Wir meinen: Nein; und das aus zwei Gründen.

Der erste ist, daß Hitler zu dem Krieg, der alle seine
vorangehenden Leistungen aufs Spiel setzen mußte, bereits im Herbst 1938 entschlossen war. Schon im September 1938 hatte Hitler Krieg gewollt, und noch in den
Bormanndiktaten vom Februar 1945 hat er bedauert, daß
er ihn nicht damals begonnen hatte: »Vom militärischen
Standpunkt aus waren wir daran interessiert, ihn (den
Krieg) ein Jahr früher zu beginnen... Aber ich konnte
nichts machen, da die Engländer und Franzosen in München alle meine Forderungen akzeptierten.« Und schon im
November 1938 hatte er in einer Rede vor den Chefredak-
teuren der Inlandpresse zugegeben, daß alle seine Frie-
densversprechungen der vorangehenden Jahre Blendwerk
gewesen waren:

»Die Umstände haben mich gezwungen, jahrelang fast nur vom Frieden zu reden. Nur unter der fortgesetzten Betonung des deutschen Friedenswillens und der Friedensabsichten war es mir möglich, dem deutschen Volk ... die Rüstung zu geben, die immer wieder für den nächsten Schritt als Voraussetzung notwendig war. Es ist selbstverständlich, daß eine solche jahrlang betriebene Friedenspropaganda auch ihre bedenklichen Seiten hat; denn sie kann nur zu leicht dahin führen, daß sich in den Gehirnen vieler Menschen die Auffassung festsetzt, daß das heutige Regime an sich identisch sei mit dem Entschluß und dem Willen, einen Frieden unter allen Umständen zu bewahren. Das würde aber nicht nur zu einer falschen Beurteilung der Zielsetzung dieses Systems führen, sondern es würde vor allem auch dahin führen, daß die deutsche Nation mit einem Geist erfüllt wird, der auf die Dauer als Defaitismus gerade die Erfolge des heutigen Regimes wegnehmen würde und wegnehmen müßte.«

Gewunden ausgedrückt, aber deutlich genug. Im Klartext heißt es, daß er nicht nur das Ausland, sondern auch die Deutschen mit seinen Friedensreden jahrelang irregeführt hatte. Und die Deutschen hatten ihm geglaubt; ihre Revisionswünsche waren befriedigt; sie gingen 1939 nicht, wie 1914, mit Begeisterung in den Krieg, sondern mit Bestürzung und Niedergeschlagenheit. Mindestens zur Hälfte hatten Hitlers Leistungen der Jahre 1933–1938 ihre Wirkung gerade auch dem Umstand verdankt, daß sie ohne Krieg vollbracht worden waren. Hätten die Deutschen gewußt, daß sie immer nur der Kriegsvorbereitung gedient hatten – viele von ihnen hätten vielleicht doch anders darüber gedacht; und hätten sie es auch nur später erfahren (die Geschichtsforschung hätte schwerlich vermeiden können, es zu Tage zu fördern) – wäre ihnen Hitler wirklich noch als einer ihrer Größten erschienen?
Es lohnt sich aber, Fests Gedankenexperiment noch in einer anderen Richtung weiterzuführen. Sicher: Bei der Nachricht von Hitlers plötzlichem Tod im Herbst 1938 hätten die meisten Deutschen zunächst das Gefühl gehabt, einen ihrer größten Staatsmänner verloren zu haben. Dieses Gefühl hätte aber wahrscheinlich nur wenige Wochen vorgehalten. Denn dann hätten alle mit Schrecken gemerkt, daß sie kein funktionierendes Staatswesen mehr besaßen – daß Hitler es in aller Stille bereits 1938 zerstört hatte.

Wie wäre es denn weitergegangen? Hitler hatte 1938 keinen Nachfolger, und es gab keine Verfassung, nach der ein Nachfolger hätte gewählt werden können, und keine Institutionen, die das unbezweifelbare Recht und die unbezweifelbare Macht gehabt hätten, einen zu stellen. Die Weimarer Verfassung galt längst nicht mehr, sie war aber auch nie durch eine andere ersetzt worden. Dem Staat fehlten folglich die Organe, durch die er sich ein neues Oberhaupt hätte geben können. Die möglichen Nachfolgekandidaten stützten sich jeder auf einen Staat im Staate: Göring auf die Luftwaffe, Himmler auf die SS, Hess auf die Partei (von der man bei dieser Gelegenheit bemerkt hätte, daß sie eigentlich schon fast so funktionslos geworden war wie die SA); und dann gab es ja auch noch das Heer, dessen Spitzengenerale eben noch, im September 1938, beinah zum Putsch bereit gewesen waren: Alles in allem ein staatliches Chaos, das nur durch die Person Hitlers zusammengehalten und verdeckt wurde und durch den Wegfall dieser Person schonungslos enthüllt worden wäre. Und dieses Chaos war Hitlers Schöpfung – wenn man so will, seine Leistung; eine Zerstörungsleistung, die bis heute kaum bemerkt worden ist, weil sie zum Schluß in einer noch umfassenderen Zerstörung auf- und unterging.

Wir sind früher bei der Betrachtung von Hitlers Leben auf die ziemlich ungeheure Tatsache gestoßen, daß er seinen politischen Zeitplan seiner persönlichen Lebenserwartung unterordnete. Jetzt stoßen wir, aus einer ganz anderen Richtung, auf etwas Ähnliches: nämlich, daß er die Funktionsfähigkeit des Staates zugunsten seiner persönlichen Allmacht und Unersetzlichkeit bewußt zerstörte, und zwar von Anfang an. Die Funktionsfähigkeit eines Staates beruht auf seiner Verfassung, die eine geschriebene und ungeschriebene sein kann. Das Dritte Reich aber hatte spätestens seit dem Herbst 1934 weder eine geschriebene noch eine ungeschriebene Verfassung, weder kannte und achtete es Grundrechte, die die Staatsmacht gegenüber dem Bürger beschränkten, noch besaß es auch nur das unentbehrliche Minimum an Verfassung, nämlich eine Geschäftsordnung des Staates, die die Befugnisse der verschiedenen Staatsorgane gegeneinander abgrenzt und dafür sorgt, daß ihre Tätigkeiten sinnvoll ineinandergreifen. Hitler hatte im Gegenteil absichtlich einen Zustand hergestellt, in dem die verschiedenen eigenständigen Machtträger unabgegrenzt, miteinander konkurrierend und einander überschneidend, nebeneinander und gegeneinander standen, und nur er selbst an der Spitze von allen. Nur so konnte er sich selbst die vollkommen unbeschränkte Handlungsfreiheit nach allen Seiten sichern, die er haben wollte. Denn er hatte das vollkommen richtige Gefühl, daß jede verfassungsmäßige Ordnung die Macht auch des mächtigsten Verfassungsorgans einschränkt: Mindestens stößt sich auch der mächtigste Mann eines Verfassungsstaats an Zuständigkeiten, er kann nicht allen alles befehlen; und mindestens ist dafür gesorgt, daß es auch ohne ihn weitergehen kann. Beides aber wollte Hitler nicht, und deswegen schaffte er jede Verfassung ersatzlos ab. Er wollte nicht der erste Diener eines Staates sein, sondern Der Führer – ein absoluter Herr; und er erkannte richtig, daß absolute Herrschaft nicht in einem intakten Staatswesen möglich ist, sondern nur in einem gebändigten Chaos. Deswegen ersetzte er von Anfang an den Staat durch ein Chaos – und man muß ihm zugestehen, daß er es, solange er lebte, zu bändigen verstand. Sein Tod allerdings hätte auch schon auf der Höhe seines Erfolgs, im Herbst 1938, das Chaos, das er geschaffen hatte, offenbart – und damit seinen Nachruhm denn doch wohl kompromittiert. Es gab noch etwas anderes, das Hitler zur Staatszerstörung anhielt. Bei genauer Beschäftigung mit Hitler entdeckt man an ihm einen Zug, den man als Festlegungsscheu, vielleicht noch besser als Scheu vor jeder Endgültigkeit bezeichnen kann. Es ist, als ob etwas in ihm ihn davor zurückschrecken ließ, nicht nur seiner Macht durch eine staatliche Ordnung, sondern sogar seinem Willen durch eine feste Zielsetzung Grenzen zu setzen. Das Deutsche Reich, das er übernahm, und selbst das Großdeutsche Reich, zu dem er es 1938 erweiterte, war ihm ja nie etwas, das er zu festigen und zu bewahren hatte, sondern immer nur Sprungbrett zu einem ganz anderen, viel größeren Reich, das vielleicht gar kein *deutsches* Reich mehr sein würde, sondern ein »großgermanisches«, und dem er in Gedanken nicht einmal geographische Grenzen setzte;

nur eine ständig vorrückende »Wehrgrenze«, die vielleicht an der Wolga, vielleicht am Ural, vielleicht auch erst am Pazifik einrasten sollte. Wenn er sich in der schon mehrfach zitierten Rede vom 28. April 1939 rühmte, er habe die »tausendjährige historische Einheit des deutschen Lebensraumes wiederhergestellt«, sprach er nicht aus, was er wirklich dachte: Der »Lebensraum«, auf den er aus war, lag weit im Osten, und er war nicht historisch, sondern futuristisch. Viel eher ließ er ein Stück seines wirklichen Denkens in der ebenfalls bereits zitierten Rede vom 10. November 1938 durchblicken, als er »von dem immer wieder nächsten Schritt« sprach, für den man das deutsche Volk innerlich bereit machen müsse. Wenn aber jeder Schritt nur Vorbereitung zum immer wieder nächsten sein sollte, gab es keine Veranlassung, irgendwo haltzumachen und Erreichtes – oder gar nur Vorgefundenes – dauerhaft als Staat zu befestigen. Im Gegenteil, das Feste mußte beweglich gemacht und ins Rollen gebracht, alles mußte auf Vorläufigkeit gestellt werden und aus dieser Vorläufigkeit heraus ganz automatisch auf ständige Veränderung, Vergrößerung, Erweiterung drängen. Das Deutsche Reich mußte aufhören, Staat zu sein, um ganz Eroberungsinstrument werden zu können.

Es gibt in dieser Hinsicht keinen größeren Gegensatz als den zwischen Hitler und Bismarck, der zum Friedenspolitiker wurde, als er das Erreichbare erreicht hatte. Aber auch ein Vergleich mit Napoleon ist hier lehrreich. Napoleon ist wie Hitler als Eroberer gescheitert, aber von seinen Leistungen als französischer Staatsmann ist vieles erhalten geblieben: seine großen Gesetzgebungswerke, sein Erziehungssystem; ja auch sein straffer Staatsbau mit seinen Departements und Präfekten steht heute noch, wie er ihn hingestellt hat, trotz aller seitherigen Veränderungen der Staatsform. Hitler hat keinen Staatsbau hingestellt, und seine Leistungen, die zehn Jahre lang die Deutschen überwältigten und die Welt in Atem hielten, sind ephemär und spurlos geblieben – nicht nur, weil sie in einer Katastrophe endeten, sondern weil sie nie auf Endgültigkeit angelegt waren. Hitler war als purer Leistungsathlet vielleicht sogar noch stärker als Napoleon. Aber eines war er nie: ein Staatsmann.

ERFOLGE

Hitlers Erfolgskurve gibt ein ähnliches Rätsel auf wie seine Lebenskurve. Dort, man wird sich erinnern, war es der auffallende Knick zwischen gänzlicher Untätigkeit und Unbekanntheit in den ersten dreißig Jahren und öffentlicher Aktivität größten Maßstabs in den folgenden sechsundzwanzig, was nach Erklärung verlangte. Hier gibt es einen solchen Knick sogar zweimal. Alle Erfolge Hitlers fallen in einen Zeitraum von zwölf Jahren, 1930 bis 1941. Vorher war er, in einer politischen Laufbahn, die immerhin schon zehn Jahre dauerte, durchaus erfolglos gewesen. Sein Putsch war 1923 gescheitert, und seine 1925 neugegründete Partei war bis 1929 eine belanglose Splitterpartei geblieben. Nach 1941 – sogar schon vom Herbst 1941 an – gab es ebenfalls keine Erfolge mehr: Seine militärischen Unternehmungen scheiterten, die Niederlagen häuften sich, die Bundesgenossen fielen ab, die Feindkoalition hielt. Das Ende ist bekannt. Aber von 1930 bis 1941 gelang Hitler innen- und außenpolitisch und schließlich auch militärisch so gut wie alles, was er unternahm, zum Staunen der Welt.

Man sehe sich die Chronologie an: 1930 Stimmenzahl bei den Reichstagswahlen verachtfacht; 1932 nochmals verdoppelt; Januar 1933 Hitler Reichskanzler, Juli alle konkurrierenden Parteien aufgelöst; 1934 Hitler auch Reichspräsident und Oberster Befehlshaber der Reichswehr; totale Macht. Innenpolitisch gibt es danach nichts mehr für ihn zu gewinnen; es beginnt die Serie der außenpolitischen Erfolge: 1935 allgemeine Wehrpflicht unter Bruch des Versailler Friedensvertrages – und nichts passiert; 1936 Remilitarisierung des Rheinlands unter Bruch des Locarnovertrages – und nichts passiert; 1938 März Anschluß Österreichs – und nichts passiert; September Anschluß des Sudetengebiets – und dies sogar mit ausdrücklicher Zustimmung Frankreichs und Englands; 1939 März Protektorat über Böhmen und Mähren, Besetzung Memels. Damit ist die Serie der außenpolitischen Erfolge erschöpft, von jetzt an findet Hitler Widerstand; und nun beginnen die kriegerischen Erfolge: September 1939 Polen besiegt; 1940 Dänemark, Norwegen, Holland, Belgien und Luxemburg besetzt, Frankreich besiegt, 1941 Jugoslawien und Griechenland besetzt. Hitler beherrscht den europäischen Kontinent.

Alles in allem: Zehn Jahre Mißerfolg; dann zwölf Jahre einer ununterbrochenen, schwindelerregenden Erfolgsserie; dann wieder vier Jahre Mißerfolg, mit der Katastrophe als Schlußpunkt. Und jedesmal dazwischen ein scharfer Knick.

Man kann suchen, solange man will, man findet in der Geschichte nichts Vergleichbares. Aufstieg und Fall, ja; Wechsel von Erfolg und Mißerfolg, ja. Aber niemals so scharf voneinander abgesetzt drei Perioden reinen Mißerfolgs, reinen Erfolgs, und dann wieder reinen Mißerfolgs. Niemals erweist sich derselbe Mann erst lange Zeit als scheinbar hoffnungsloser Stümper, dann ebensolange Zeit als scheinbar genialer Könner, und dann wiederum, diesmal nicht nur scheinbar, als hoffnungsloser Stümper. Das will erklärt sein. Und es ist mit den naheliegenden Erfahrungsbeispielen, nach denen man instinktiv zunächst greift, nicht zu erklären.

Gewiß, nicht alle Politiker sind zu allen Zeiten gleich gut; fast alle machen gelegentlich Fehler – die sie dann auch wieder reparieren, so gut sie können. Das kennt man. Auch das kennt man, daß viele Politiker eine gewisse Lehr- und Anlaufzeit brauchen, bis sie den Gipfel ihrer Form erreichen; und daß sie auf dem Gipfel nach einer gewissen Zeit ermüden und nachlassen oder, umgekehrt, übermütig werden und den Bogen überspannen. Nur daß alle diese naheliegenden Erklärungsversuche auf Hitler einfach nicht passen. Sie erklären nicht den zweimaligen scharfen Einschnitt zwischen langdauerndem Erfolg und langdauerndem Mißerfolg. Und sie lassen sich nicht durch Wandlungen in Hitlers Charakter oder durch ein Zunehmen oder Nachlassen seiner Fähigkeiten erklären. Hitler blieb sich immer gleich.

Keineswegs gehört er zu den (nicht seltenen) Figuren der Geschichte, die im Erfolg die Eigenschaften einbüßten, denen sie den Erfolg verdankt hatten. Keine Rede davon, daß er je, bequem geworden, die Zügel schleifen ließ oder daß sie ihm entglitten. Seine Energie und Willenskraft waren vom ersten bis zum letzten Tag seiner öffentlichen Wirksamkeit gleich stupend, und seine Herrschaftsgewalt war noch im Bunker der Reichskanzlei, auf den sein Herrschaftsgebiet zum Schluß zusammengeschrumpft war, absolut. Als einer der Bunkerbewohner, Eva Brauns Schwager Fegelein, sich am 28. April 1945, zwei Tage vor Hitlers Selbstmord, davonmachen wollte und als Hitler daraufhin befahl, ihn zurückzuholen und zu erschießen, da wurde er zurückgeholt und erschossen. Der Befehl ist ebenso charakteristisch wie seine prompte Ausführung. Der erfolglose Hitler der letzten vier Kriegsjahre war derselbe Hitler wie der erfolgreiche der vorangegangenen Jahre; daß er Pillen schluckte, Schlafschwierigkeiten hatte und an gelegentlichem Armzittern litt, beeinträchtigte seinen Durchsetzungswillen und seine Durchsetzungskraft nicht im mindesten. Die Schilderungen, die aus dem Hitler der letzten Kriegsjahre einen bloßen Schatten seiner selbst, ein bedauernswertes menschliches Wrack machen wollen, sind hoffnungslos überzeichnet. Mit körperlichem oder geistigem Verfall ist Hitlers katastrophaler Mißerfolg der Jahre 1941–1945 nach dem vorangehenden Erfolgs-jahrzwölft nicht zu erklären.

Ebensowenig – was ebenfalls versucht worden ist, manch-mal in einem Atem mit der entgegengesetzten These seines angeblichen körperlichen Verfalls – durch Hybris, den größenwahnsinnig das Schicksal herausfordernden Übermut des Erfolgsverwöhnten. Hitlers Entschluß, Ruß-land anzugreifen, mit dem sein Niedergang begann, war keine Eingebung späten, vom Erfolg genährten Über-muts: Er stand seit vielen Jahren fest als Hitlers überlegtes und beschlossenes Hauptziel, schon 1926 in »Mein Kampf« niedergelegt und begründet. Der andere verhäng-nisvolle Entschluß des Jahres 1941, die Kriegserklärung an Amerika, entsprang eher einem Moment der Verzweif-lung als des Übermuts (wir werden uns in dem Kapitel »Fehler« ausführlicher mit ihm befassen). Und der Starr-sinn, mit dem Hitler im Mißerfolg an seinem einmal gesetzten Kurs festhielt, war derselbe Starrsinn, den er im Mißerfolg schon einmal gezeigt hatte, in den Jahren

1925–1929, als seine Partei trotz aller Anstrengungen der angestrebten »legalen« Machtergreifung jahrelang keinen Schritt näher gekommen war.

Wenn Hitler größenwahnsinnig war – und in gewissem Sinne kann man ihn so nennen –, dann war er es von Anfang an. Was konnte »größenwahnsinniger« sein, als der Entschluß des Unbekannten, früh Gescheiterten, Politiker zu werden? Hitler selbst hat immer wieder gesagt, daß verglichen mit dem Wagnis seiner Anfänge alles spätere ein Kinderspiel gewesen sei; und das darf man ihm glauben. Übrigens waren auch seine »Lehrjahre« als Politiker ungewöhnlich kurz, wenn man bei ihm überhaupt von Lehrjahren sprechen kann. Eigentlich war das Scheitern seines Putschs von 1923 das einzige, woraus er je eine Lehre gezogen hat. Im übrigen blieb er sich auf eine geradezu unheimliche Art immer gleich. Seine Politik war mindestens von 1925 bis 1945 ganz und gar aus einem Stück. Was sich in diesen zwanzig Jahren zweimal änderte, war die Stärke des Widerstandes, auf den sie stieß.

Und damit haben wir plötzlich den Schlüssel in der Hand, der uns das Geheimnis der Hitlerschen Erfolgskurve erschließt. Dieser Schlüssel liegt nicht in irgendwelchen Wandlungen Hitlers. Er liegt in dem Wandel und Wechsel der Gegner, mit denen es Hitler zu tun hatte.

Nicht ohne Bedacht haben wir zwischen den Leistungen Hitlers und seinen Erfolgen unterschieden. Leistungen gehören der Person an. Bei Erfolgen sind immer zwei beteiligt, und der Erfolg des einen ist der Mißerfolg des andern. Man kann bei gleicher Stärke gegen einen schwächeren Gegner erfolgreich und gegen einen Stärkeren erfolglos sein: eine Binsenwahrheit. Aber gerade Binsenwahrheiten werden ja so oft übersehen. Wenn man sie in diesem Fall einmal *nicht* übersieht, erklärt sich alles. Hitlers Erfolge und Mißerfolge werden sofort erklärlich, wenn man den Blick von Hitler wegwendet und auf seine jeweiligen Gegner richtet.

Hitlers Erfolge sind nämlich nie gegen einen starken oder auch nur gegen einen zähen Gegner errungen worden: Selbst die Weimarer Republik der späteren zwanziger Jahre und das England des Jahres 1940 erwiesen sich als zu stark für ihn. Erst recht hat er nie den Einfallsreichtum und die Wendigkeit besessen, mit der ein Schwächerer einen Stärkeren mitunter ausmanövrieren und besiegen kann: Im Kampf gegen die alliierte Koalition der Jahre 1942–1945 gibt es bei ihm nie auch nur den Ansatz eines Gedankens, wie sich die inneren Spannungen dieser Koalition ausnutzen ließen, um sie zu sprengen; im Gegenteil, Hitler hat selbst mehr als jeder andere dazu beigetragen, die in vieler Hinsicht unnatürliche Kriegskoalition von West und Ost zusammenzubringen, und er hat mit blindem Starrsinn alles getan, die manchmal schon in allen Fugen krachende zusammenzuhalten.

Seine Erfolge aber hat er sämtlich gegen Gegner errungen, die zu wirklichem Widerstand unfähig oder unwillig waren. Innenpolitisch hat er der Weimarer Republik den Todesstoß versetzt, als sie bereits ausgehöhlt und praktisch aufgegeben war. Außenpolitisch hat er das europäische Friedenssystem von 1919 erledigt, als es bereits von innen heraus erschüttert war und sich als unhaltbar erwiesen hatte. In beiden Fällen hat Hitler nur das schon Fallende gestürzt.

Auch hatte es Hitler in den dreißiger Jahren, anders als in den zwanzigern und vierzigern, personell durchweg mit schwachen Gegnern zu tun. Die deutschen Konservativen, die ihm die Nachfolge der Weimarer Republik eine Weile streitig machten, waren konzeptionslos, unter sich zerstritten und innerlich schwankend zwischen Widerstand gegen Hitler und Bündnis mit Hitler; ebenso zwischen Widerstand gegen Hitler und Bündnis schwankend waren die englischen und französischen Staatsmänner der späteren dreißiger Jahre, denen Hitler seine außenpolitischen Erfolge abgewann. Wenn man sich den Zustand Deutschlands im Jahre 1930, den Zustand Europas im Jahre 1935 und den Zustand Frankreichs im Jahre 1940 genauer ansieht, verlieren Hitlers Erfolge den Nimbus des Wunderbaren, den sie für die Mitlebenden hatten. Wir müssen uns also dieser Mühe unterziehen, auch wenn die Betrachtung mitunter von Hitler wegzuführen scheint. Ohne ein wenig Zeitgeschichte bleiben Hitlers Erfolge unverständlich.

Die Weimarer Republik war 1930 bereits am Ende, ehe Hitler im September seinen ersten großen Wahlerfolg errang. Die Regierung Brüning, im März gebildet, war bereits das erste der Präsidialkabinette, die den Übergang zu einer ganz anderen, wenn auch im einzelnen undurchdachten und undefinierten, Staats- und Verfassungsordnung bilden sollten. Anders als seine beiden Nachfolger Papen und Schleicher hielt sich Brüning noch am Rande der verfassungsmäßigen Legalität – die »Notverordnungen«, mit denen er regierte, wurden noch vom Reichstag »toleriert« –, aber eine Reichstagsmehrheit, wie sie die Verfassung voraussetzte, hatte schon Brüning nicht mehr hinter sich, und mit der Fiktion eines permanenten Notstands, der ihm erlaubte, ohne Reichstag zu regieren, hatte er die Weimarer Verfassung praktisch schon außer Kraft gesetzt. Es ist also ein Irrtum, wenn auch ein weitverbreiteter, daß erst Hitlers Ansturm die Weimarer Republik zu Fall gebracht hätte. Sie war schon im Fallen, als Hitler ernsthaft die Szene betrat, und bei den innenpolitischen Kämpfen der Jahre 1930–1934 ging es in Wirklichkeit nicht mehr um die Verteidigung der Republik, sondern nur noch um ihre Nachfolge. Die einzige Frage war, ob die bereits aufgegebene Republik durch eine konservative – in letzter Konsequenz wohl monarchische – Restauration abgelöst werden sollte oder eben durch Hitler.

Wenn man diese Ausgangslage verstehen will, muß man einen kurzen Blick auf die Geschichte der Weimarer Republik werfen – eine von Anfang an unglückliche Geschichte.

Die Republik wurde bei ihrer Gründung nur von einer Dreiparteienkoalition der linken Mitte getragen – SPD, Linksliberale und Katholiken –, die schon die Reichstagsmehrheit der letzten Jahre des Kaiserreichs gebildet und im letzten Moment des Kaiserreichs, im Oktober 1918, seine Parlamentarisierung durchgesetzt (genauer: in den Schoß geworfen bekommen) hatte. Nach der Revolution vom November 1918 bildete sie die »Weimarer Koalition« der Nationalversammlung, schuf die Weimarer Verfassung, die der des parlamentarisierten Kaiserreichs im wesentlichen nachgebildet war, und machte sich ans Regieren. Aber schon nach einem Jahr, bei den ersten republikanischen Reichstagswahlen, verlor sie die parlamentarische Mehrheit und gewann sie niemals wieder.

Dazwischen hatte die programmwidrige Revolution vom November 1918 stattgefunden. Sie hatte der Weimarer Koalition keineswegs ins Konzept gepaßt und war von ihr niedergeschlagen worden. Das erzeugte eine enttäuschte und erbitterte Daueropposition von links, die den Weimarer Staat nie akzeptierte und sich nie mit ihm versöhnte. Aber die Revolution hatte immerhin den *einen*, nicht wieder rückgängig zu machenden Erfolg gehabt, die Monarchie abzuschaffen. Der Weimarer Koalition blieb danach nichts übrig, als die von der Revolution geschaffene Republik zu der ihren zu machen. Damit aber schuf sie sich eine noch viel zahlreichere und stärkere Daueropposition von rechts, die den Weimarer Staat, den »Staat der Novemberrevolution«, ebensowenig akzeptierte wie die enttäuschten linken Revolutionäre; und sie war gefährlicher als die Linksopposition, weil sie nach wie vor fast alle Staatsstellungen in Heer und Beamtenschaft besetzt hielt; der Staat von Weimar hatte von Anfang an eine ganze Armee von Verfassungsfeinden im öffentlichen Dienst! Von 1920 an besaßen überdies die rechten und linken Gegner der Republik zusammen auch noch die Mehrheit im Reichstag, und bis 1925 schlingerte die Republik, kaum vom Stapel gelassen, bereits jahrelang wie ein Schiff in Seenot. Fast kein Jahr verging ohne einen Putsch von rechts oder links. (Der Hitlerputsch von 1923 war einer von vielen.) Niemand hätte der Republik in diesen Jahren ein langes Leben gegeben.

Und dann war ihr doch eine kurze Periode scheinbarer Konsolidierung beschieden – die »goldenen zwanziger Jahre«, die Jahre von 1925 bis 1929; für Hitler die Jahre vollkommener Erfolgslosigkeit, in denen seine lärmende Republikfeindschaft völlig ohne Echo blieb und fast schon der Lächerlichkeit verfiel. Was hatte sich geändert? Was machte die »Republik ohne Republikaner« plötzlich lebensfähig?

Mehreres. Ein fähiger Außenminister, Gustav Stresemann, brachte Ansätze zur Versöhnung mit den Kriegsgegnern, Erleichterungen und kleine Prestigeerfolge heim. Amerikanische Kredite sorgten für eine bescheidene Wirtschaftsblüte. Das Wichtigste aber war: Die massive und mächtige Rechtsopposition, immer schon (oder: immer noch) in dem Staat, den sie ablehnte, in allen Ministerien und Behörden fest verankert, gab ihre Opposition gegen diesen Staat vorübergehend und versuchsweise auf und ließ sich herbei, ihn zu regieren; aus Republikfeinden wurden ein paar Jahre lang »Vernunftrepublikaner«.

Das entscheidende Ereignis, das diesen halben Gesinnungswandel möglich machte und der Republik die Chance der Konsolidierung gab, war, im April 1925, die Wahl Hindenburgs zum Reichspräsidenten. Man hat darin vielfach den Anfang vom Ende der Republik sehen wollen. Ganz falsch. Die Hindenburgwahl war für die Republik ein Glücksfall und gab ihr die einzige Chance, die sie je hatte. Denn mit dem Weltkriegsheros und kaiserlichen Feldmarschall an der Spitze sah die Republik für die Rechte, die sie bis dahin eisern abgelehnt hatte, plötzlich akzeptabel aus; etwas wie eine Versöhnung bahnte sich an. Sie hielt vor, solange (von 1925 bis 1928) eine Mitte-Rechts-Koalition aus Katholiken, Rechtsliberalen und Konservativen die Reichsregierung bildete. Damit war vorübergehend das staatstragende Parteiensystem zum ersten und einzigen Mal auf die ganze Breite des Rechts-Links-Spektrums ausgedehnt, von radikalen Randgruppen wie Kommunisten und Nationalsozialisten abgesehen; denn an der Staatstreue der nunmehrigen Opposition aus Sozialdemokraten und Linksliberalen war ohnehin nicht zu zweifeln.
Aber das blieb Episode. Als 1928 die Rechtsregierung die Wahlen verlor und, zum ersten Mal seit 1920, ein Sozialdemokrat wieder Reichskanzler wurde, war alles schon wieder vorbei. Die Konservativen, unter einem neuen Führer – Hugenberg –, gingen wieder auf stramm antirepublikanischen Kurs, selbst das katholische Zentrum, ebenfalls unter einem neuen Führer – Kaas –, redete jetzt von der Notwendigkeit eines autoritären Regimes, und im Reichswehrministerium begann ein politisierender General – von Schleicher –, Staatsstreichpläne zu schmieden. So etwas wie das Wahlergebnis von 1928 sollte der Rechten nie wieder passieren können, die Regierung – eine ewige Rechtsregierung – sollte von Parlament und Wahlen unabhängig gemacht werden, wie im Bismarck-

reich; die Parlamentsherrschaft sollte weg, ein Präsidial-regime her.

Im März 1930 war es soweit. Stresemann war im Oktober 1929 gestorben, im selben Monat hatte ein amerikanischer Börsenkrach eine Weltwirtschaftskrise eingeleitet, die sich sofort verheerend auf Deutschland auswirkte; die Regierung hatte sich nicht darauf einstellen können und war zurückgetreten, und diesmal wurde sie durch keine andere parlamentarische Regierung mehr ersetzt. Statt dessen wurde ein wenig bekannter rechter Zentrumsmann, Brüning (Schleichers Kandidat), Reichskanzler ohne parlamentarische Mehrheit, aber dafür mit quasi-diktatorischen Vollmachten und mit dem heimlichen Auftrag, den Übergang zu einem konservativ-autoritären, parlamentsunabhängigen Regime zu vollziehen. Einstweilen regierte er mit Notverordnungen unter dem Notstandsparagraphen, und als der Reichstag nicht spurte, löste er ihn auf. Das war Hitlers Chance. In der intakten (oder scheinbar intakten) Republik der Jahre 1925–1929 hatte er nichts zu bestellen gehabt. In der Staatskrise von 1930 wurde seine Partei mit einem Schlage zur zweitstärksten.

Hitler ante portas! Von nun an tolerierten sogar die Sozialdemokraten Brünings unparlamentarisches Notstandsregime als kleineres Übel, und Brüning konnte knapp zwei Jahre lang halblegal weiterregieren. Aber die Not stieg an, auch die Hitlerwelle stieg an, und überdies fand Brüning nicht den Übergang von seiner halblegalen Regierungsweise zu dem neuen autoritären Staat, den er nach Schleichers Auftrag hatte vorbereiten sollen. Im Mai 1932 wurde er demgemäß gestürzt. Ein neuer, im Parlament noch weniger gestützter Kanzlerkandidat Schleichers, von Papen, wurde Reichskanzler, bildete ein »Kabinett der Barone« und proklamierte »eine ganz neue Art der Staatsführung«. Als erstes löste er wiederum den Reichstag auf, und prompt verdoppelte Hitlers Partei noch einmal ihre Mandatszahl und wurde die stärkste. Von nun an gab es nur noch die Alternative Papen/Schleicher oder Hitler. Von der parlamentarischen Republik sprach niemand mehr. Sie war bereits stillschweigend begraben. Der Kampf ging um ihre Nachfolge.

In dem aufregenden Intrigenspiel, zwischen Papen/

Schleicher und Hitler, das die Monate vom August 1932 bis zum Januar 1933 füllte und das hier nicht im einzelnen nacherzählt werden soll, war von vornherein klar, daß Hitler die stärkeren Karten in der Hand hielt. Schon aus dem einfachen Grunde, daß er *einer* war und seine Gegenspieler *zwei*. Dann deswegen, weil er eine Massenbewegung hinter sich hatte, Papen und Schleicher aber nur die abgehalfterte Elite des defunkten Kaiserreiches. Vor allem aber, weil er genau wußte, was er wollte, während Papen und Schleicher es nicht wußten – im Grunde nicht wissen *konnten*: Das einzige, was ihrem autoritären Staat hätte Halt geben können, jedenfalls nach dem Ende des nachgerade fünfundachtzigjährigen Hindenburg, wäre eine Restauration der Monarchie gewesen; aber die wagten sie nicht offen ins Auge zu fassen – mit gutem Grund: Es gab keinen geeigneten und einleuchtenden Thronkandidaten. So verbiesterten sie sich in unmögliche Konstruktionen: Papen – schneidiger Herrenreiter, der er war – erträumte sich ein Verbot aller Parteien und eine reine Oberklassen-, ja Adelsdiktatur, gestützt auf nichts als die Bajonette der Reichswehr; Schleicher, der damit die Reichswehr (realistischerweise) überfordert fand, hatte ebenso phantastische Träume: eine Spaltung der Nationalsozialisten und eine Koalition aus »gemäßigten« Nazis (ohne Hitler), Gewerkschaften, Jugendbünden und Reichswehr als Grundlage eines faschistischen Ständestaats. Natürlich scheiterten beide schon im Ansatz, aber was das Folgenreichste war: Sie entzweiten sich darüber. Schleicher stürzte Papen und machte sich selbst zum Reichskanzler. Und Papen, revanchedurstig und immer zum Vabanquespiel bereit, verbündete sich daraufhin mit Hitler gegen Schleicher und überredete Hindenburg, Schleicher fallenzulassen und Hitler zum Reichskanzler zu ernennen. Er war immer bereit gewesen, Hitler als Juniorpartner (gewissermaßen wieder als »Trommler«) hinzunehmen; nun war er bereit, seinerseits den Juniorpartner des Reichskanzlers Hitler zu spielen; er hoffte noch, ihn mit seiner adligen konservativen Ministermannschaft »einrahmen« zu können.

Damit war es nichts. Wie Hitler seine konservativen Juniorpartner in den folgenden Monaten und endgültig im folgenden Jahr überspielte, bis hin zur Vereinigung der totalen Macht in seiner Hand nach Hindenburgs Tode im August 1934, ist zu bekannt, um einer detaillierten Nacherzählung zu bedürfen. Was aber festgehalten zu werden verdient, weil es durchaus nicht allgemein bekannt ist – es mag vielen sogar überraschend klingen –, ist folgendes: Die einzigen innenpolitischen Gegner oder Konkurrenten, mit denen Hitler in den Jahren 1930–1934 ernsthaft zu rechnen und zeitweise zu kämpfen hatte, waren die Konservativen. Die Liberalen, Zentrumsleute und Sozialdemokraten haben ihm nie im geringsten zu schaffen gemacht, ebensowenig die Kommunisten.

Und dabei blieb es auch in den Jahren seiner unumschränkten Macht nach 1934. Die Liberalen, Zentrumsleute und Sozialdemokraten, soweit sie ihren Überzeugungen treu blieben, zogen sich fast durchweg in die Passivität einer für Hitler unschädlichen inneren oder äußeren Emigration zurück; und der rein symbolische Widerstand und Untergrundzusammenhalt kleiner immer wieder ausgehobener und immer wieder neugebildeter kommunistischer Gruppen, menschlich gewiß respektheischend in seiner todesverachtenden Aussichtslosigkeit, war für Hitler ein reines Polizeiproblem. Aber die Konservativen, mit ihren gut verschanzten Positionen in Heer, Diplomatie und Verwaltung, blieben immer ein echtes politisches Problem für ihn – unentbehrlich für den Alltagsbetrieb, halbe Verbündete, aber immer auch halbe Opponenten und mitunter, zum Teil wenigstens, ganze: Papen und Schleicher rührten sich noch einmal in der Krise des Sommers 1934 (Schleicher zahlte dafür mit seinem Leben, Papen wurde auf diplomatische Außenposten abgeschoben), konservative Wehrmachtgenerale schmiedeten 1938 und 1939 Putschpläne, konservative Politiker wie Goerdeler und Popitz konspirierten während der ganzen Kriegszeit mit den verschiedensten Partnern aus Heer, Staat und Wirtschaft gegen Hitler, und 1944 hatte sich schließlich sogar eine Art großer Koalition politischer und militärischer konservativer Hitlergegner gebildet, die in dem Unternehmen des 20. Juli gipfelte. Der 20. Juli war in der Substanz ein hochkonservatives Unternehmen – mit Recht ist gesagt worden, seine Toten-

liste lese sich wie ein Auszug aus dem Gothaischen Adels-
kalender, auch wenn für einige jüngere sozialdemokratische Politiker zu optischen Zwecken ein paar Minister-
posten in der geplanten Putschregierung vorgesehen waren. Er scheiterte nicht zuletzt daran, daß die romantisch-
konservativen Staatsideen, die er verwirklichen wollte,
ebenso undurchdacht, anachronistisch und wirklichkeits-
fern waren wie vorher die Staatsideen Papens und Schleichers.

Wirklich gefährlich konnte die konservative Opposition
Hitler nie werden, und die Kette seiner leichten Erfolge
gegen sie reißt nicht ab. Immerhin: Es war die einzige
Opposition, die ihm bis zum Schluß zu schaffen machte;
die einzige, die eine, wenn auch geringe Chance hatte, ihn
zu Fall zu bringen, und die wenigstens einmal auch den
Versuch dazu machte. Und diese Opposition kam von
rechts. Von ihr aus gesehen stand Hitler links.

Das gibt zu denken. Hitler ist keineswegs so leicht als
extrem rechts im politischen Spektrum einzuordnen, wie
es viele Leute heute zu tun gewohnt sind. Er war natürlich
kein Demokrat, aber er war ein Populist: ein Mann, der
seine Macht auf Massen stützte, nicht auf Eliten;
in gewissem Sinne ein zu absoluter Macht gelangter Volks-
tribun. Sein wichtigstes Herrschaftsmittel war Demagogie, und sein Herrschaftsinstrument war keine gegliederte
Hierarchie, sondern ein chaotisches Bündel unkoordinier-
ter, nur durch seine Person an der Spitze zusammengehal-
tener Massenorganisationen. Alles eher »linke« als »rechte« Züge.

Offensichtlich steht Hitler in der Reihe der Diktatoren des
zwanzigsten Jahrhunderts irgendwo zwischen Mussolini
und Stalin – und zwar, bei genauerem Hinsehen, näher bei
Stalin als bei Mussolini. Nichts ist irreführender, als Hitler
einen Faschisten zu nennen. Faschismus ist Oberklassen-
herrschaft, abgestützt durch künstlich erzeugte Massenbe-
geisterung. Hitler hat wohl Massen begeistert, aber nie,
um dadurch eine Oberklasse abzustützen. Er war kein
Klassenpolitiker, und sein Nationalsozialismus war alles
andere als ein Faschismus. Wir haben bereits im vorigen
Kapitel gesehen, daß seine »Sozialisierung der Menschen«
genaue Entsprechungen in sozialistischen Staaten wie

etwa der heutigen Sowjetunion und DDR hat – Entsprechungen, die in faschistischen Staaten höchstens kümmerlich entwickelt sind und mitunter ganz fehlen. Von Stalins
»Sozialismus in einem Lande« unterschied sich Hitlers
»Nationalsozialismus« (man beachte die terminologische
Identität!) freilich durch das weiterbestehende Privatei-
gentum an Produktionsmitteln, für Marxisten ein gravierender Unterschied. Ob er in einem totalitären Befehls-
staat wie dem Hitlerschen wirklich so gravierend ist, bleibe
dahingestellt. Aber die Unterschiede zum klassischen
Faschismus Mussolinis sind jedenfalls noch gravierender:
keine Monarchie, daher keine Absetzbarkeit und Aus-
wechselbarkeit des Diktators, keine feste Hierarchie in
Partei oder Staat, keine Verfassung (auch keine faschisti-
sche!), kein wirkliches Bündnis mit den traditionellen
Oberklassen, am wenigsten irgendwelche Hilfsdienste für
sie. Eine Äußerlichkeit ist symbolisch für vieles wesentli-
che: Mussolini trug ebenso oft Frack wie Parteiuniform.
Hitler trug Frack nur gelegentlich in der Übergangszeit
1933/34 solange Hindenburg noch Reichspräsident war
und Hitler sein Scheinbündnis mit Papen noch aufrechter-
halten mußte; danach immer nur Uniform – wie Stalin.
Noch eine letzte kurze Zwischenbetrachtung drängt sich
auf, ehe wir uns von Hitlers innenpolitischen Erfolgen der
Jahre 1930–1934 ab- und den ebenso leicht aus der
Zeitgeschichte erklärbaren außenpolitischen der Jahre
1935–1938 zuwenden. Man fragt oft: Würde ein Hitler
dieselbe Chance wie 1930 haben, wenn er heute in der
Bundesrepublik aufträte – besonders wenn Wirtschaftskrise und Arbeitslosigkeit ein ähnliches Ausmaß gewön-
nen wie damals in der Weimarer Republik? Wenn unsere
Analyse der Hitlerschen Machtergreifung richtig ist, fällt
die Antwort beruhigend aus: Nein, Hitler würde nicht
dieselbe Chance haben; und zwar deswegen nicht, weil es
in der Bundesrepublik keine staatsablehnende Rechte
gibt, die den Staat vorbereitend für ihn zu zerstören bereit
wäre.
Ein Staat zerfällt ja nicht ohne weiteres durch Wirtschaftskrise und Massenarbeitslosigkeit; sonst hätte zum Beispiel
auch das Amerika der großen Depression mit seinen 13
Millionen Arbeitslosen in den Jahren 1930–1933 zerfallen

müssen. Die Weimarer Republik ist nicht durch Wirtschaftskrise und Arbeitslosigkeit zerstört worden, obwohl sie natürlich zur Untergangsstimmung beigetragen haben, sondern durch die schon vorher einsetzende Entschlossenheit der Weimarer Rechten, den parlamentarischen Staat zugunsten eines unklar konzipierten autoritären Staats abzuschaffen. Sie ist auch nicht durch Hitler zerstört worden: Er fand sie schon zerstört vor, als er Reichskanzler wurde, und er entmachtete nur die, die sie zerstört hatten.

Der große Unterschied zwischen Bonn und Weimar ist nun aber der, daß es in der Bundesrepublik die politische Kraft, die die Weimarer Republik zerstörte, nämlich eine staatsablehnende Rechte, nicht mehr gibt. Vielleicht ist es gerade ihre Niederlage in der Konkurrenz mit Hitler und die bittere, zum Teil blutige Erfahrung ihrer jahrelangen vergeblichen Oppositionsversuche gegen ihn, was die deutsche Rechte zur Republik, zum Parlamentarismus und zur Demokratie bekehrt hat. Jedenfalls hat sie seit Hitler gelernt, daß sie besser daran tut, sich als parlamentarische Partei mit anderen, linken parlamentarischen Parteien im Wechselspiel von Regierung und Opposition zu messen, als sich in der Konkurrenz um die Führung eines autoritären Staats mit einem populistisch-demagogischen Diktator zu versuchen. Die Gründung der CDU, einer Fusion des katholischen Zentrums mit den früheren Rechtsparteien, markiert diesen fundamentalen Sinneswandel der Rechten und ist ein ebensolches Jahrhundertereignis der deutschen Politik wie der Wandel der SPD von einer revolutionären zu einer parlamentarischen Partei dreißig Jahre früher.

Die Bundesrepublik hat, was die Weimarer nicht hatte: eine demokratische Rechte. Sie wird als Staat nicht nur von einer Mitte-Links-Koalition getragen, sondern vom gesamten Parteienspektrum (radikale Randgruppen immer ausgenommen). Damit sind Entwicklungen wie die, die 1930 den Weg für Hitler freimachten, nach menschlichem Ermessen nicht wieder zu erwarten. Bonn ist – und zwar von seiner politischen Struktur her, nicht etwa nur wegen irgendwelcher Vorzüge des Bonner Grundgesetzes gegenüber der Weimarer Verfassung – ein soliderer und stärkerer demokratischer Staat als Weimar; und bleibt es übrigens, dies als letztes Wort zu diesem Thema, auch dann, wenn es, wie schon in seinen ersten siebzehn Jahren, eines Tages einmal wieder eine Rechtsregierung bekommt oder, etwa unter dem Eindruck des Terrorismus, seine Gesetze verschärft. Diejenigen, die deswegen die Bundesrepublik mit dem Hitlerreich vergleichen – fast durchweg Leute, die Hitler nicht erlebt haben –, wissen nicht, wovon sie reden.

Und damit genug von Hitlers innenpolitischen Erfolgen und hinüber zu seinen außenpolitischen, die er ebenfalls mehr der Schwäche seiner Gegner als der eigenen Stärke verdankte. So wie er innenpolitisch 1930 die Republik von 1919 schon sterbend vorfand, so fand er außenpolitisch 1935 das europäische Friedenssystem von 1919 schon in vollem Zerfall. Und wie damals drinnen fand er jetzt draußen die Verteidiger des Status quo bereits entmutigt – und unter denen, die ihn durch etwas anderes ersetzen wollten, unfreiwillige Helfer. Um zu verstehen, warum das so war, müssen wir auf die Geschichte der 1919 in Paris geschaffenen europäischen Friedensordnung einen ähnlichen kurzen Rückblick werfen wie vorher auf die Geschichte der Weimarer Republik.
Es ist eine ebenso unglückliche Geschichte, und sie hat sogar die gleiche Struktur. Die Pariser Friedensordnung hatte den gleichen Geburtsfehler wie die Weimarer Republik. Wie diese daran scheiterte, daß sie von Anfang an die immer noch stärkste, für den Staatsbetrieb unentbehrliche innere Machtgruppe, die deutsche Rechte, weder dauerhaft entmachtete (wozu ihr die Revolution von 1918 die Chance geboten hätte) noch sie in den neuen republikanischen Staat dauerhaft integrierte, so scheiterte die Pariser Friedensordnung daran, daß sie die ebenfalls immer noch stärkste und für die Stabilität Europas unentbehrliche europäische Macht, das Deutsche Reich, weder dauerhaft entmachtete, noch dauerhaft integrierte. Ihre Schöpfer taten sogar von beidem das Gegenteil. Statt Deutschland von vornherein in die Schaffung der Friedensordnung als Mitschöpfer einzubeziehen, wie Metternich es mit Frankreich nach den napoleonischen Kriegen getan hatte,

beleidigten und ächteten sie es. Und statt es, wie es dann konsequent gewesen wäre, etwa durch Teilung oder Besetzung, dauernd störunfähig zu machen, ließen sie ihm nicht nur die Einheit und Unabhängigkeit, die es schon von 1871 bis 1918 zur stärksten Macht Europas gemacht hatte, sondern vergrößerten, ohne sich darüber klar zu sein, was sie taten, diese Macht noch, in dem sie die vorher bestehenden Gegengewichte zum großen Teil beseitigten.

Psychologisch verständlich hat man in Deutschland den Vertrag von Versailles – also den unmittelbar Deutschland betreffenden Teil der Pariser Friedensregelung von 1919 – vor allem als die Beleidigung empfunden, die er in der Tat war. Die Beleidigung lag vor allem in der Art seines Zustandekommens. Der Vertrag war wirklich das, als was die beleidigten Deutschen ihn bezeichneten: ein Diktat. Er wurde nicht, wie europäische Friedensverträge vor ihm, zwischen Siegern und Besiegten ausgehandelt und vereinbart – wobei, der Natur der Sache nach, die Verhandlungsposition der Sieger die stärkere, die formelle Beteiligung der Besiegten aber gleichrangig war, so daß ihre Ehre gewahrt und ihre Mitverantwortung für die Einhaltung des Vereinbarten moralisch unterbaut wurde; sondern die deutsche Unterschrift unter das ohne deutsche Beteiligung Ausgehandelte und Vereinbarte wurde durch Ultimatum unter Kriegsandrohung erzwungen. Damit war von vornherein dafür gesorgt, daß die Deutschen sich an das, was sie unter Zwang unterschrieben hatten, nicht gebunden fühlten, und es hätte der zahlreichen ehrenrührigen, diskriminierenden und schikanösen Einzelbestimmungen, von denen der Vertrag voll war, nicht einmal bedurft, um sie in dem Vorsatz zu bestärken, »die Fesseln von Versailles abzuschütteln«. Dieser Vorsatz bestimmte die gesamte deutsche Außenpolitik von 1919 bis 1939, unter Weimar ebenso wie unter Hitler. Und Erfolge hatte dabei die Weimarer Republik ebenso wie Hitler. Hitler fand die Friedensordnung, von der »die Fesseln von Versailles« ein Teil waren, bereits in voller Auflösung vor.

Denn die Fesseln von Versailles waren, wie sich bereits erwiesen hatte, ehe Hitler die letzten von ihnen mit verblüffender Mühelosigkeit zerriß, aus Papier. Auf dem

Papier war der beiderseits gewünschte Anschluß Österreichs ebenso verboten wie die moderne Bewaffnung der deutschen Streitkräfte, auf dem Papier waren diese Streitkräfte auf 100 000 Mann beschränkt, und auf dem Papier war Deutschland zu generationenlangen Reparationszahlungen verpflichtet. Aber die Macht, diese papierenen Beschränkungen und Verpflichtungen zu erzwingen, war nicht vorhanden. Die Beschlüsse der Pariser Friedenskonferenz von 1919 hatten dafür gesorgt, daß sie nicht vorhanden war; ja, sie hatten – was in Deutschland unter dem Schock der Beleidigung anfangs übersehen und erst allmählich erkannt wurde – genau das erreicht, was Deutschland in einer vierjährigen Kriegsanstrengung nicht erreicht hatte: Deutschland zur absoluten, unwiderstehlichen Vormacht in Europa zu machen. Die territorialen Amputationen, die man an seinem Gebietskörper vornahm, änderten daran nichts.

Was von 1871 bis 1914 verhindert hatte, daß Deutschland aus seiner Position als stärkste einzelne Macht Europas eine absolute Vormachtstellung entwickelte, war seine enge Nachbarschaft mit vier anderen europäischen Großmächten: England, Frankreich, Österreich-Ungarn und Rußland, gewesen – Großmächten, auf die es Rücksicht nehmen mußte, weil es zwar stärker war als jede einzelne von ihnen, aber natürlich schwächer als alle zusammen. Und was von 1914 bis 1918 seinen »Griff nach der Weltmacht« vereitelt hatte, war eine große Koalition Englands und Frankreichs erst mit Rußland, dann mit Amerika gewesen. Von den vier europäischen Großmächten der Vorkriegszeit nun wurde in Paris 1919 eine zerstört: Österreich-Ungarn, und eine zweite: Rußland, von jeder Mitwirkung in Europa ausgeschlossen. Damit war Rußland natürlich auch aus der Siegerkoalition ausgeschlossen; und zugleich zog sich Amerika, das 1917 für Rußland eingesprungen war, aus dieser Siegerkoalition zurück und weigerte sich, die Friedensregelung seiner ehemaligen Verbündeten mitzutragen. Die Friedensregelung wurde also praktisch von vornherein nur von England und Frankreich getragen – so wie die Weimarer Republik nur von den drei Parteien der Weimarer Koalition getragen wurde. In beiden Fällen war die Basis zu schmal, um tragfähig zu sein. Denn das in seiner Substanz erhalten gebliebene Deutsche Reich war – man brauchte nur auf den Kriegsverlauf zu blicken, um das mit Augen zu sehen – auf die Dauer zu stark, um von England und Frankreich allein in den Schranken gehalten zu werden, die man auf dem Versailler Papier errichtet hatte. Und die neugeschaffenen Kleinstaaten, die nun den Raum des ehemaligen Österreich-Ungarn und den zwischen Deutschland und Rußland einnahmen, wirkten wie vorbestimmt, deutsche Satelliten zu werden, sobald sich Deutschland erst einmal von der Überanstrengung des Krieges und dem Schock der Niederlage erholt hatte. Man hatte in Paris Deutschland nicht nur durch beleidigende Behandlung auf die Bahn des Revisionismus und Revanchismus gedrängt, sondern ihm zugleich wie besessen diese Bahn mit allen Mitteln geebnet.

Den beiden dafür verantwortlichen Mächten, England und Frankreich, wurde denn auch sehr bald vage bewußt, daß sie einen kapitalen Fehler gemacht hatten. Aber sie zogen aus der dämmernden Einsicht entgegengesetzte Schlußfolgerungen: England, daß man durch allmähliche Milderung der Friedensbedingungen Deutschland zufriedenstellen (»appease«) und aus einem unversöhnlichen Gegner schließlich einen willigen Mitträger der revidierten Friedensregelung machen müsse; Frankreich, daß man im Gegenteil die in Paris versäumte wirkliche Entmachtung Deutschlands nachholen müsse. Der Gegensatz brach offen aus, als Frankreich dies 1923 mit der Besetzung des Ruhrgebiets wirklich versuchte. England zog nicht mit, Frankreich mußte nachgeben und fortan, leise zähneknirschend, der englischen Politik des »appeasement« folgen. Dieses Appeasement begann nicht, wie es die Legende will, in München 1938 unter Neville Chamberlain – dort endete es eher –, sondern in Locarno 1925 unter seinem Bruder Austen Chamberlain.

Die folgende Periode, in Deutschland hauptsächlich mit dem Namen Stresemann verknüpft, entspricht auf dem internationalen Felde merkwürdig genau der innerdeutschen Periode nach der Hindenburgwahl, mit der sie anfangs auch zeitlich zusammenfiel (die sie aber überdauerte, denn auch Brüning, Papen und Schleicher segelten weiter im Schlepptau des englischen Appeasement, und sogar Hitler tat es die ersten fünf Jahre lang wenigstens scheinbar): So wie sich in Deutschland die rechten Gegner der Republik eine Weile dazu herbeiließen, die Republik zu akzeptieren, vorausgesetzt, sie durften sie regieren, so ließ sich Deutschland eine Weile dazu herbei, die Pariser Friedensordnung zu respektieren, vorausgesetzt, sie würde Stück für Stück abgebaut.

Das wurde sie. Die Erfolge Stresemanns, Brünings, Papens und Schleichers – Locarnovertrag, Aufnahme Deutschlands in den Völkerbund, vorzeitige Räumung des besetzten Rheinlands, Streichung der Reparationen, grundsätzliche Anerkennung der deutschen Rüstungs-gleichberechtigung – waren nicht geringer als die Erfolge Hitlers – Wiederbewaffnung und allgemeine Wehrpflicht, Flottenvertrag mit England, Remilitarisierung des Rhein-lands, Anschluß Österreichs, Anschluß des Sudetenge-biets –; mit diesem Unterschied: Hitlers Vorgänger ließen es sich angelegen sein, den Versöhnungscharakter der jeweils erzielten Erfolge zu betonen und damit England bei Laune und seine Appeasementpolitik im Gange zu halten. Hitler legte im Gegenteil den größten Wert darauf, seine Erfolge als einer feindlichen Welt abgetrotzt erschei-nen zu lassen; was ihm auch gelang, nicht nur dank seiner totalen Kontrolle der deutschen öffentlichen Meinung, sondern auch dank einer gewissen Prädisposition der deutschen Volksstimmung, die sich solche Triumphe des Trotzes über das verhaßte Versailler System immer er-sehnt hatte und über außenpolitische Erfolge nur halb so glücklich gewesen war, solange sie im Namen der Versöh-nung erzielt wurden. Andererseits verdarb Hitler durch die Art, wie er die ihm gewährten oder sogar zugespielten außenpolitischen Erfolge in Szene setzte, seinen eng-lischen Partnern allmählich die Stimmung. Sie konnten nicht übersehen, daß er ihnen die erhoffte Gegenleistung – die Mitwirkung an der Festigkeit des europäischen Frie-dens und die Mitträgerschaft des zu Deutschlands Gunsten revidierten Friedenssystems – mehr und mehr vorenthielt. Ja, sie schöpften allmählich den Verdacht – einen nur zu begründeten Verdacht –, daß er alles, was sie ihn zum Zwecke der Festigung des Friedens gewinnen ließen, in

Wirklichkeit als Stärkung für einen neuen Krieg entgegen-
nahm. Der Anschluß Österreichs war in England noch
ohne Wimperzucken hingenommen worden; beim Anschluß des Sudetengebiets wollte England schon mitreden,
und das Münchener Abkommen, mit dem es ihn – als
Hitlers »letzte territoriale Forderung« – noch einmal
bewilligte, war in England bereits heftig umstritten. Als
Hitler ein halbes Jahr später dieses Abkommen brach und
nach Prag marschierte, war es aus. Das Appeasement
wurde begraben und an seine Stelle trat auch und gerade in
England grimmig-resignierte Bereitschaft, es auf einen
neuen Krieg mit Deutschland ankommen zu lassen.

In diesem Lichte erscheint es fast zweifelhaft, ob man
Hitlers außenpolitische Erfolge – gerade wegen des stau-
nenerregenden Charakters, den er ihnen zu geben wußte,
mit dem er aber zugleich ihre Quelle nach und nach
verschüttete – wirklich noch als reine Erfolge bezeichnen
kann, ob man sie nicht vielmehr schon eher seinen Fehlern
zurechnen muß, die uns in einem späteren Kapitel beschäftigen werden. Mindestens bereiteten sie einen großen
Fehler *vor:* nämlich den Fehler, den Hitler in den Jahren
1939 bis 1941 beging, als er die bereits ohne Krieg
wiederhergestellte, gar nicht mehr bestrittene Vorherrschaft Deutschlands in Europa dadurch aufs Spiel setzte,
daß er sie in kriegerische Eroberung und Besetzung Europas verwandelte, was sich mit der mutwilligen Vergewaltigung einer vollkommen hingabewilligen Frau vergleichen läßt.

Immerhin brachten ihm diese Jahre ja noch einmal Erfolge
– überflüssige und in ihrer Dauerwirkung sogar schädliche
Erfolge, aber eben doch Erfolge, diesmal nicht politischer,
sondern militärischer Art. Wirklich eindrucksvoll war unter diesen Erfolgen allerdings nur einer: der schnelle und
leichte militärische Sieg über Frankreich. Daß Deutschland Länder wie Polen, Dänemark, Norwegen, Holland,
Belgien, Luxemburg, Jugoslawien und Griechenland militärisch überwältigen konnte, wenn ihm der Sinn danach
stand, überraschte niemanden und erregte nur Furcht und
Haß, keine Bewunderung. Aber daß es Frankreich, an
dem es sich im Ersten Weltkrieg vier Jahre lang die Zähne
ausgebissen hatte, jetzt unter Hitlers Führung in sechs

Wochen zur Kapitulation brachte, befestigte noch einmal – zum letzten Mal – Hitlers Ruf als Wundertäter und diesmal auch als militärisches Genie. In den Augen seiner Bewunderer wurde er 1940, nach allen innen- und außenpolitischen Erfolgen, auch noch der »größte Feldherr aller Zeiten«.

Daß er das nicht war, braucht heute nicht mehr umständlich dargelegt zu werden. Eher muß man ihn gegen seine militärischen Kritiker ein wenig in Schutz nehmen. Die deutschen Generale des Zweiten Weltkriegs hätten ja, ihren Memoiren zufolge, alle den Krieg gewonnen, wenn Hitler sie nicht daran gehindert hätte. Aber so war es nun auch wieder nicht. Hitler verstand durchaus etwas von Kriegführung, er hatte seine Fronterfahrungen aus dem Ersten Weltkrieg intellektuell besser verarbeitet als irgend etwas anderes, sich auch nach dem Kriege immer noch militärisch weitergebildet; und im Vergleich mit seinen Gegnern Churchill, Roosevelt und Stalin – ebenfalls sämtlich Amateurstrategen, die ihre oberste Kommandogewalt nicht nur nominell wahrnahmen und ihre Generale oft herumkommandierten – schneidet er auf dem militärischen Gebiet nicht schlecht ab; auch nicht im Vergleich mit manchen seiner eigenen Generale. Gewiß, die Idee der unabhängigen Panzerwaffe stammte von Guderian, und der strategisch brillante Plan für den Frankreichfeldzug (ein viel besserer Plan als der berühmte Schlieffenplan) stammte von Manstein. Aber ohne Hitler hätte sich weder Guderian noch Manstein gegen die ranghöheren, traditionsfrommeren und borniertereren Heeresgenerale durchgesetzt. Es war Hitler, der ihre Pläne aufgriff und dem sie die Verwirklichung verdankten. Und wenn Hitlers einfallslose, sture und starre Defensivstrategie in den späteren Jahren des Rußlandkriegs allzusehr seine Fixierung durch die Schützengrabenmentalität des Ersten Weltkrieges erkennen ließ, muß man andererseits fragen, ob ohne Hitlers Sturheit der Rußlandkrieg nicht vielleicht schon im ersten Winter katastrophal geendet hätte. Hitler war sicher nicht das militärische Genie, für das er sich hielt, aber er war auch nicht der hoffnungslose militärische Ignorant und Stümper, als der er in so vielen Generalsmemoiren den Sündenbock abgeben muß. An dem militärischen Überraschungserfolg des Frankreichfeldzugs von 1940 kommt ihm jedenfalls ein wesentlicher Anteil zu.

Und das nicht nur deswegen, weil er den Wert des Mansteinschen Feldzugsplans erkannte und ihn gegen die Bedenken des Heereskommandierenden Brauchitsch und des Generalstabschefs Halder durchsetzte, sondern vor allem deswegen, weil er, und er allein, dafür sorgte, daß dieser Feldzug überhaupt gewagt wurde. Die deutschen Generale hatten ja alle das Schreckbild des Frankreich-feldzuges von 1914 vor Augen, der nach dem ersten Anlauf in einem vierjährigen Stellungskrieg versandet war; eher als sich auf ein solches Abenteuer zum zweiten Mal einzulassen, waren manche von ihnen im Winter 1939 sogar bereit gewesen, gegen Hitler zu putschen. Und ebenso wie die deutschen Generale erwartete die ganze Welt mit einer gewissen Selbstverständlichkeit von Frank-reich eine Wiederholung des Verteidigungswunders von 1914; nur Hitler nicht. Es war gerade diese allgemeine Erwartung und ihre rasche Enttäuschung, die Hitlers Sieg über Frankreich in so strahlendem Licht erscheinen ließ, wie eine wirkliche Wundertat. Aber das war sie nicht. Das Wunder war Frankreichs Verteidigungsleistung von 1914 gewesen; und das Frankreich von 1940 war nicht das Frankreich von 1914. (Es ist vielleicht nicht überflüssig, darauf hinzuweisen, daß das Frankreich von 1978 auch nicht mehr das Frankreich von 1940 ist. Es ist eine verjüngte, physisch und moralisch wiedererstarkte Na-tion.) Es war in Wirklichkeit schon innerlich besiegt, ehe die ersten deutschen Panzer die Maas überquerten.

Wir haben oben, bei unserer Skizze der Auflösung des Pariser Friedenssystems, Frankreich im Jahre 1924 ein wenig aus den Augen verloren – dem Jahr, in dem es sich, nach dem Scheitern seines Alleingangs im Ruhrgebiet, der englischen Appeasementpolitik notgedrungen anpaßte: erst noch widerwillig und bremsend, später immer willen-loser, zum Schluß mit fast masochistischem Übereifer. In der Tat spielte Frankreich seit diesem Jahr in der europä-ischen Politik eine untergeordnete Rolle. Die Protago-nisten waren England und Deutschland, die Frage, um die es ging, war, ob englisches Appeasement und deutscher Revisionismus sich harmonisieren ließen oder nicht.

Frankreich konnte dabei nur das Beste hoffen, nämlich daß Deutschland sich durch den schrittweisen Abbau seiner Beschwerden schließlich wirklich zufriedenstellen lassen werde.

Wenn nicht, war es schlimm dran, denn jedes Zugeständnis an Deutschland ging auf Frankreichs Kosten; mit jedem Zugeständnis stellte sich die natürliche Übermacht des 70-Millionenvolks über das 40-Millionenvolk, die Frankreich 1919 und 1923 vergeblich zu brechen versucht hatte, wieder her; und wenn Appeasement – wie man in Frankreich immer fürchtete – vergeblich – blieb und das wiedererstarkte Deutschland eines Tages zum Angriff und zur Revanche schritt, hatte England immerhin zwischen sich und Deutschland die See, aber Frankreich nicht einmal mehr den Rhein. Frankreich folgte der englischen Politik, obwohl es ihre Erfolgschance von Anfang an tief skeptisch beurteilte; es folgte ihr, weil es keine Wahl hatte. Aber sein Nerv wurde dabei nach und nach gebrochen; sein Selbstbehauptungswille erlahmte; einer zweiten Marneschlacht, einem zweiten Verdun wagte es nicht mehr ins Auge zu blicken. Seit Hitler 1936 mit seinen Truppen seine alten Aufmarschpositionen im Rheinland wieder bezogen hatte – demselben Rheinland, das Frankreich erst sechs Jahre vorher im Zuge des Appeasement vorfristig geräumt hatte – starrte Frankreich auf das Deutschland Hitlers wie das Kaninchen auf die Schlange; und zum Schluß wünschte es das unvermeidliche Ende mit Schrecken in seinem Unterbewußtsein wohl schon geradezu herbei. »Il faut en finir« – »Man muß es hinter sich bringen«: Der Schlachtruf, mit dem Frankreich 1939 in den Krieg zog, klang fast schon wie der Ruf nach der Niederlage: Nur endlich Schluß!

Die Geschichte Frankreichs zwischen 1919 und 1939, die Geschichte eines bitter-schwer errungenen und dann ganz und gar verlorenen Sieges und eines stufenweisen Abstiegs von stolzestem Selbstbewußtsein zur fast schon vollzogenen Selbstaufgabe, ist eine Tragödie. In Deutschland, wo man Frankreich immer noch als den boshaften Quälgeist der ersten Nachkriegsjahre im Gedächtnis hatte, wurde sie natürlich nicht so gesehen. Vielmehr: Sie wurde überhaupt nicht gesehen. Man glaubte, es immer noch nicht nur mit dem triumphierenden Frankreich von 1919, sondern auch mit dem heroischen Frankreich von 1914 zu tun zu haben. Die deutschen Generale hatten vor einer neuen Marne und einem neuen Verdun fast ebensoviel Angst wie die Franzosen. Und nicht nur die Deutschen – das war das Erstaunliche: die ganze Welt, England und Rußland voran, setzten in ihre Rechnungen bei Kriegsausbruch 1939 wie selbstverständlich ein Frankreich ein, das jederzeit, wie 1914, bereit sein würde, zur Verteidigung seines Bodens das Blut seiner Söhne in Strömen fließen zu lassen. Nur Hitler tat nichts dergleichen.

Nachträglich ist es leicht zu sehen, was damals nur Hitler sah: Frankreich hatte fünfzehn Jahre lang – erst zähneknirschend, dann immer willenloser – aus resignierter Hoffnungslosigkeit seinen Lebensinteressen zuwidergehandelt. Es hatte 1925 den Locarnovertrag abgeschlossen, mit dem es seine kleinen Ostverbündeten praktisch preisgab; es hatte 1930 das Rheinland geräumt, in dem es noch fünf Jahre hätte bleiben können; es hatte 1932 im Sommer auf seine Reparationsforderungen verzichtet, im Spätherbst Deutschland militärische Gleichberechtigung zugestanden; es hatte 1935 wie gelähmt zugesehen, als Deutschlands gewaltiges Aufrüstungsprogramm offen herausposaunt wurde, ebenso 1936, als die Wehrmacht ins Rheinland einrückte, das nach dem Locarnovertrag entmilitarisiert bleiben sollte; ebenso im März 1938, als Deutschland, nicht ohne militärische Nachhilfe, den Anschluß Österreichs vollzog; im September desselben Jahres hatte es große Gebietsteile seines Verbündeten, der Tschechoslowakei, sogar selbst an Deutschland ausgeliefert, um Frieden zu erkaufen; und als es ein Jahr später – bezeichnenderweise sechs Stunden nach England – Deutschland wegen seines Angriffs auf einen zweiten Verbündeten, Polen, nun doch, mehr traurig als zornig, den Krieg erklärte, hatte es drei Wochen lang Gewehr bei Fuß gestanden – drei Wochen, in denen nur eine einzige deutsche Armee dem ganzen französischen Heer gegenüberstand, während alle anderen weit im Osten damit beschäftigt waren, Polen den Garaus zu machen. Und ein solches Land sollte einer zweiten Marne und eines zweiten Verdun fähig sein, wenn es selbst angegriffen wurde?

Würde es nicht beim ersten Stoß in sich zusammensacken wie Preußen 1806, das ja ebenfalls elf Jahre lang eine feige Politik betrieben hatte, um dann im letzten, schlechtesten Augenblick dem längst weit überlegen gewordenen Napoleon einen ihm selbst nicht mehr ganz verständlichen Krieg zu erklären? Hitler war seiner Sache sicher. Und man muß es ihm lassen, er hatte recht. Der Frankreichfeldzug wurde sein größter Erfolg.

Freilich gilt von diesem Erfolg, was für alle Erfolge Hitlers gilt. Er war nicht das Wunder, als das er der Welt erschien. Ob Hitler der Weimarer Republik, ob er dem Pariser Friedenssystem den Todesstoß versetzte, ob er die deutschen Konservativen oder ob er Frankreich überrannte: Immer stürzte er nur das Fallende, tötete er nur das schon Sterbende. Was man ihm zugestehen muß, ist ein Instinkt dafür, was schon im Fallen, was schon im Sterben war, was nur noch auf den Gnadenschuß wartete – ein Instinkt, den er allen seinen Konkurrenten voraushatte (er hatte ihn schon als junger Mann im alten Österreich gehabt), und mit dem er sowohl seinen Zeitgenossen als auch sich selbst mächtig imponierte. Aber dieser Instinkt, zweifellos für einen Politiker eine nützliche Gabe, gleicht weniger dem Blick des Adlers als der Witterung des Geiers.

IRRTÜMER

Das Leben der Menschen ist kurz, das der Staaten und Völker lang; auch Stände und Klassen, Institutionen und Parteien überdauern meist beträchtlich die einzelnen Menschen, die ihnen als Politiker dienen. Die Folge ist, daß die meisten Politiker – und zwar interessanterweise um so mehr, je weiter rechts sie stehen – rein pragmatisch handeln; sie kennen nicht das ganze Stück, in dem sie ihren kurzen Auftritt haben, können und wollen es auch gar nicht kennen, sondern tun einfach, was der Augenblick zu gebieten scheint; womit sie oft erfolgreicher sind als diejenigen, die Fernziele verfolgen und – meist vergeblich – versuchen, den Sinn des Ganzen zu durchschauen. Es gibt sogar politische Agnostiker (und es sind oft die erfolgreichsten Politiker), die an einen Sinn des Ganzen gar nicht glauben. Bismarck zum Beispiel: »Was sind unsere Staaten und ihre Macht und Ehre vor Gott anderes als Ameisenhaufen und Bienenstöcke, die der Huf eines Ochsen zertritt, oder das Geschick in Gestalt eines Honigbauern ereilt.«

Den anderen Politikertyp, der eine Theorie in Praxis umzusetzen versucht und, indem er seinem Staat oder seiner Partei dient, zugleich der Vorsehung, der Geschichte oder dem Fortschritt dienen will, findet man meist auf der Linken, und er ist meist weniger erfolgreich; gescheiterte politische Idealisten und Utopisten gibt es wie Sand am Meer. Immerhin, einige große Männer haben auch mit dieser Art von Politik Erfolg gehabt, vor allem die großen Revolutionäre: Cromwell zum Beispiel, Jefferson, in unserem Jahrhundert Lenin und Mao. Daß ihr Erfolg in der Wirklichkeit dann immer anders – häßlicher – aussah als in der Erwartung, beeinträchtigt den Erfolg als solchen nicht.

Hitler nun – und das ist ein Hauptgrund, warum man sehr vorsichtig sein sollte, ihn unbesehen politisch rechts einzuordnen – gehörte ganz ausgesprochen zu dieser zweiten Art von Politikern. Er wollte keineswegs nur ein politischer Pragmatiker sein, sondern ein politischer Denker und Zielsetzer, ein »Programmatiker«, wie er es mit einem nur bei ihm vorkommenden Sprachgebrauch nannte; gewissermaßen nicht nur der Lenin, sondern auch der Marx des Hitlerismus; und er war besonders stolz darauf, daß sich in ihm der »Programmatiker« und der Politiker vereinten, was nur »innerhalb langer Perioden der Menschheit« einmal vorkomme. Er erkannte übrigens auch ganz richtig, daß der Politiker, der nach einer Theorie, einem »Programm« arbeitet, es im allgemeinen schwerer hat als der reine Pragmatiker: »Denn je größer die Werke eines Menschen für die Zukunft sind, um so schwerer ist auch der Kampf und um so seltener der Erfolg. Blüht er aber dennoch in Jahrhunderten Einem, dann kann ihn vielleicht in seinen späten Tagen schon ein leiser Schimmer des kommenden Ruhms umstrahlen.«

Das ist nun freilich Hitler bekanntlich nicht beschieden gewesen. Was ihn in seinen späten Tagen »umstrahlte«, war alles andere als ein Schimmer kommenden Ruhms. Aber vollkommen zutreffend ist, daß er nach einem selbstgemachten Programm Politik machte und sich damit das Politikmachen eher erschwerte als erleichterte. Man kann sogar weiter gehen und sagen, daß er sein Scheitern geradezu vorprogrammiert hatte. Das Weltbild, das er sich zurechtgelegt hatte und auf dem sein Programm beruhte, stimmte nämlich nicht; und eine Politik, die sich an diesem Weltbild orientierte, konnte ihr Ziel ebensowenig erreichen wie ein Reisender, der eine falsche Karte benutzt.

Es lohnt also, sich Hitlers politische Weltanschauung näher anzusehen und das Falsche darin vom Richtigen oder vom wenigstens Vertretbaren zu scheiden. Merkwürdigerweise ist dieser Versuch bisher kaum unternommen worden. Bis 1969, als Eberhard Jäckel »Hitlers Weltanschauung« aus der ungeordneten Masse seiner in Büchern und Reden verstreuten Gedanken herausanalysierte, hat die Hitlerliteratur nicht einmal Kenntnis davon nehmen wollen, daß es eine solche Weltanschauung überhaupt gegeben hat; vielmehr kann die bis dahin herrschende Meinung in den Worten des englischen Hitlerbiographen Alan Bullock zusammengefaßt werden: »Das einzige Prinzip des Nazismus war Macht und Herrschaft um ihrer selbst willen.« Dies in ausdrücklichem Gegensatz etwa zu Robespierre und Lenin, bei denen sich »der Wille zur Macht ... mit dem Triumph eines Prinzips deckte«. Hitler galt – und gilt bei vielen, die der Sache nicht weiter nachgegangen sind, noch heute – als reiner Opportunist und Instinktpolitiker.

Aber gerade das war er nicht. Hitler, so sehr er in Fragen der Taktik und des Timing seinem Instinkt – seiner »Intuition« – vertraute, richtete sich in seiner politischen Strategie durchaus nach festen, sogar starren Grundideen, die er sich überdies so zurechtgelegt hatte, daß sie ein in sich einigermaßen schlüssiges, wenn auch an den Rändern ausgefranstes System bildeten – eine »Theorie« im marxistischen Sinne. Bei Jäckel ist diese Theorie aus den vielen Bruchstücken und Abschweifungen in Hitlers politischen Schriften, die sie verstreut enthalten, sozusagen nachträglich zusammengebaut worden. Aber darüber ist auch Jäckel nicht hinausgegangen; eine Kritik hielt er für überflüssig: »Es bedarf unter zivilisierten Menschen keiner Worte, daß diese Weltanschauung, deren Mittel von vornherein und unverhüllt ausschließlich Krieg und Mord waren, von wohl keiner anderen an Primitivität und Brutalität jemals übertroffen worden war und ist.« Nur zu wahr. Ein Vergnügen ist es wahrhaftig nicht, sich auf Hitler als politischen Denker so weit einzulassen, wie es eine kritische Auseinandersetzung nun einmal erfordert. Trotzdem scheint es notwendig, aus zwei entgegengesetzten Gründen.

Einerseits weil, solange es nicht geschehen ist, mehr, als man denken sollte, von Hitlers theoretischen Gedanken fortleben, und zwar keineswegs nur unter Deutschen, und nicht einmal nur unter bewußten Hitleranhängern. Andererseits weil, solange das Irrige in diesen Gedanken nicht klar vom mehr oder weniger Zutreffenden geschieden ist, das Richtige in Gefahr ist, tabuisiert zu werden, nur weil es auch Hitler gedacht hat. Aber zweimal zwei bleibt vier, obwohl auch Hitler zweifellos zugestimmt hätte.

Die zweite Gefahr ist um so größer, weil die Ausgangspositionen von Hitlers Denken fast durchweg unoriginell sind. Das Originelle – und fast durchweg als Irrtum Nachweisbare – ist, was er daraus machte, ähnlich, wie er in seinen architektonischen Entwürfen vom konventionell klassizistischen Gouvernementstil ausging, gegen den gar nichts zu sagen ist, und ihn dann nur durch übertreibende, protzig-provokatorische Proportionen verdarb. Die Grundvorstellungen, von denen er ausging, teilte er mit den meisten seiner Zeitgenossen; teilweise waren es sogar Binsenwahrheiten vom Typ des »Zweimal zwei ist vier«.

Eine Binsenwahrheit ist es zum Beispiel, daß es verschiedene Völker gibt, und, obwohl man das Wort seit Hitler kaum mehr in den Mund nehmen darf, auch verschiedene Rassen. Ein in seiner Zeit fast allgemein akzeptierter, auch heute noch ziemlich vorherrschender Gedanke war und ist, daß Staaten und Völker möglichst deckungsgleich, Staaten also Nationalstaaten sein sollen; und auch die Auffassung, daß Kriege aus dem Staatenleben nicht wegzudenken seien, ist erst nach Hitler fragwürdig geworden, und die Frage, wie man sie denn aber abschaffen kann, hat auch heute noch keine Antwort gefunden. Dies nur als Beispiel und als Warnung davor, alles, was Hitler gedacht und gesagt hat, nur darum schon als indiskutabel zu verwerfen, weil er es gedacht und gesagt hat, und jedem, der Völker und Rassen als die Realitäten behandelt, die sie sind, oder der dem Nationalstaat das Wort redet und der Möglichkeit von Krieg ins Auge sieht, mit dem tödlichen Namen: »Hitler« über den Mund zu fahren. Daß Hitler falsch gerechnet hat, schafft die Zahlen nicht ab.

Versuchen wir jetzt, Hitlers historisch-politisches Weltbild, die Theorie des »Hitlerismus«, kurz darzustellen. Es sieht ungefähr so aus:

Träger alles geschichtlichen Geschehens sind nur Völker oder Rassen – weder Klassen noch Religionen und strenggenommen nicht einmal Staaten. Geschichte »ist die Darstellung des Verlaufs des Lebenskampfes eines Volkes«. Oder auch, wahlweise: »Alles weltgeschichtliche Geschehen aber ist nur die Äußerung des Selbsterhaltungstriebes der Rassen.« Der Staat ist »prinzipiell nur ein Mittel zum Zweck und faßt als seinen Zweck die Erhaltung des rassischen Daseins der Menschen auf«. Oder, etwas weniger defensiv: »Sein Zweck liegt in der Erhaltung *und Förderung* einer Gemeinschaft physisch und seelisch gleichartiger Lebewesen.« »Die Innenpolitik hat einem

77

Volke die innere Kraft zu sichern für seine außenpolitische Behauptung.«

Diese außenpolitische Behauptung besteht im Kampf: »Wer leben will, der kämpfe also, und wer nicht streiten will in dieser Welt des ewigen Ringens, verdient das Leben nicht«, und der Kampf zwischen Völkern (oder Rassen) spielt sich normaler- und natürlicherweise als Krieg ab. Richtig betrachtet, »verlieren Kriege den Charakter einzelner mehr oder minder gewaltiger Überraschungen, sondern gliedern sich ein in ein natürliches, ja selbstverständliches System einer gründlichen, gut fundierten, dauerhaften Entwicklung eines Volkes«. »Politik ist die Kunst der Durchführung des Lebenskampfes eines Volkes um sein irdisches Dasein. Außenpolitik ist die Kunst, einem Volke den jeweils notwendigen Lebensraum in Größe und Güte zu sichern. Innenpolitik ist die Kunst, einem Volke den dafür notwendigen Machteinsatz in Form seines Rassenwertes und seiner Zahl zu erhalten.« Kurz, Politik ist Krieg und Kriegsvorbereitung, und in diesem Krieg geht es vor allem um Lebensraum. Dies gilt ganz allgemein, für alle Völker und sogar für alle Lebewesen, denn »unbegrenzt... (ist) ihr Selbsterhaltungstrieb sowie die Sehnsucht der Forterhaltung, begrenzt hingegen der Raum, auf dem dieser gesamte Lebensprozeß sich abspielt. In dieser Begrenzung des Lebensraumes liegt der Zwang zum Lebenskampf«. Besonders aber gilt es für das deutsche Volk, das »seine Kraft sammeln (muß) zum Vormarsch auf jener Straße, die aus der heutigen Beengtheit des Lebensraumes dieses Volk hinausführt zu neuem Grund und Boden«. Sein Hauptziel muß sein, »das Mißverhältnis zwischen unserer Volkszahl und unserer Bodenfläche – diese als Nährquelle sowohl wie als machtpolitischer Stützpunkt angesehen – ... zu beseitigen«.

Zweitens aber geht es im Kriege um Herrschaft und Unterwerfung. Was der »aristokratische Grundgedanke der Natur wünscht, ist der Sieg des Stärkeren und die Vernichtung des Schwachen oder seine bedingungslose Unterwerfung«. Darin besteht jenes »freie Spiel der Kräfte, das zu einer dauernden gegenseitigen Höherzüchtung führen muß«.

Drittens aber, und im letzten Grunde, geht es bei diesem

kriegerischen Dauerkampf der Völker um die Weltherrschaft. Am klarsten und kürzesten ist das in einer Rede vom 13. 11. 1930 ausgedrückt: »Jedes Wesen strebt nach Expansion und jedes Volk strebt nach der Weltherrschaft.« Und das ist auch gut so, denn »wir alle ahnen, daß in ferner Zukunft Probleme an den Menschen herantreten werden, zu deren Bewältigung nur eine höchste Rasse als Herrenvolk, gestützt auf die Mittel und Möglichkeiten eines ganzen Erdballs, berufen sein wird«. Und ganz zum Schluß von »Mein Kampf« heißt es, mit unzweideutiger Beziehung auf Deutschland, das »notwendigerweise die ihm gebührende Stellung auf dieser Erde gewinnen muß«: »Ein Staat, der im Zeitalter der Rassenvergiftung sich der Pflege seiner besten rassischen Elemente widmet, muß eines Tages zum Herrn der Erde werden.«

Bis hierhin ist alles zwar ein wenig eng, steil und tollkühn gedacht, aber in sich schlüssig. Mulmig wird es erst wenn man sieht, wie Hitler mit dem Begriff »Rasse« jongliert, der ja ein Schlüsselbegriff in Hitlers Gedankenwelt ist (»die Rassenfrage ist der Schlüssel zur Weltgeschichte«), aber von Hitler nie definiert und oft mit dem Begriff »Volk« gleichgesetzt wird. »Eine höchste Rasse als Herrenvolk« soll laut Hitler eines Tages die Welt beherrschen – aber wer denn nun eigentlich, eine Rasse oder ein Volk? Die Deutschen oder die »Arier«? Das wird bei Hitler nie ganz klar. Ebensowenig wird klar, wen er als Arier gelten läßt. Nur die mehr oder weniger germanischen Völker? Oder alle Weißen außer den Juden? Darüber findet sich bei Hitler nichts.

Der Begriff »Rasse« wird ja überhaupt sowohl im allgemeinen Sprachgebrauch wie bei Hitler in zwei ganz verschiedenen Bedeutungen verwendet, einer qualitativen und einer neutral unterscheidenden. »Gute Rasse«, »die Rasse verbessern«: das sind qualitative Begriffe aus der Welt der Nutztierzüchter, die bei gegebener Rasse minderwertige Exemplare von der Züchtung ausschließen und bestimmte Eigenschaften der Rasse durch Züchtung verstärken wollen. So wird der Begriff auch bei Hitler oft verwendet, wenn er vom »Rassenwert« eines Volkes spricht, der etwa durch Sterilisierung Schwachsinniger oder Tötung Geistesgestörter gehoben werden soll. Daneben aber gibt es im allgemeinen Sprachgebrauch »Rasse« auch als wertneutralen Begriff zur Unterscheidung verschiedener Spielarten derselben Gattung, und solche gibt es natürlich, bei Menschen ebenso wie bei Pferden oder Hunden. Menschen verschiedener Hautfarbe bezeichnet man, ganz ohne Werturteil, als Menschen verschiedener Rasse, und wenn man das Wort seit Hitler nicht mehr in den Mund nehmen will, dann muß man eben ein anderes, gleichbedeutendes dafür erfinden. Darüber hinaus war es, verwirrenderweise, zu Hitlers Zeiten auch üblich geworden, die verschiedenen Ausprägungen der weißen Rasse, also die Völkerstämme wie Germanen, Romanen und Slaven, oder die verschiedenen Körper- und Schädeltypen – nordische, ostische, westische oder »dinarische« – »Rassen« zu nennen, wobei sich dann auch Vorurteile und willkürliche Wertungen einmischten; »germanisch« oder »nordisch« klang für manche Leute feiner als »slawisch« oder »ostisch«.

Bei Hitler geht das alles völlig durcheinander, und Jäckel, dessen verdienstvoller Darstellung von Hitlers Weltanschauung wir bisher im wesentlichen gefolgt sind, hilft vielleicht doch ein wenig nach, wenn er auch Hitlers Rassenlehre einen festen und logisch einwandfreien Platz im Gesamtbild anzuweisen versucht. Das geht nur, wenn man etwas wegläßt, und zwar das, was für Hitler die Hauptsache war. Gewiß, solange man »Rasse« nur im Sinne des Züchters gebraucht – wie es auch Hitler manchmal tut –, also nur davon spricht, daß ein Volk durch »Höherzüchtung« seinen »Rassenwert« verbessern kann und soll, geht alles auf. Aktoren der Geschichte sind dann die Völker, die Geschichte selbst besteht aus ihren Kriegen, ihrem Konkurrenzkampf um Lebensraum und Weltherrschaft, und für diesen Kampf müssen sie konsequenterweise ständig aufgerüstet werden, nicht nur militärisch und ideologisch, sondern auch biologisch, eben durch Steigerung des »Rassenwertes«, also Ausmerzung der Schwachen und bewußte Heranzüchtung ihrer kriegerisch nützlichen Eigenschaften. Das ist alles zwar nicht richtig, worauf wir noch zurückkommen werden, aber in sich schlüssig und stimmig. Aber es ist nicht das ganze Hitlersche Weltbild, sondern nur das halbe. Die andere Hälfte ist sein Antisemitismus, und für dessen Begründung und Rationalisierung braucht er den anderen Begriff von »Rasse«. Ja, man kann sagen, für ihn braucht er eine ganz neue, der ersten in vieler Hinsicht widersprechende Theorie.

Wir haben Hitlers Antisemitismus bisher nur einmal kurz gestreift: in der Betrachtung von Hitlers Biographie, wo wir feststellten, daß er das erste war, was sich bei ihm festsetzte, noch vor seinem völkisch-großdeutschen Nationalismus. Dafür wird er uns von nun an widerwärtigerweise in jedem Kapitel zu beschäftigen haben, denn seine Einschätzung der Juden war nicht nur der folgenreichste seiner Irrtümer, sondern seine Judenpolitik war auch der erste Fehler seiner praktischen Politik; an den Juden hat er sein schwerstes Verbrechen begangen, und auch bei dem Verrat, den Hitler schließlich an Deutschland beging, spielte seine antisemitische Obsession keine geringe Rolle. Hier beschäftigt uns das, was an seiner antisemitischen Theorie irrtümlich war.

Es ist wiederum eine ganze Theorie für sich, und sie ist mit der ersten, eben skizzierten, die man die völkische nennen kann, nur unter großen Künsteleien unter einen Hut zu bringen. Dort bestand die ganze Geschichte nur aus dem Dauerkampf der Völker um Lebensraum. Hier erfahren wir plötzlich, daß das doch nicht die ganze Geschichte ist. Neben dem Völkerkampf gibt es nach Hitler noch einen anderen Dauerinhalt der Geschichte, nämlich den Rassenkampf, der nicht etwa ein Kampf zwischen Weißen, Schwarzen und Gelben ist (die tatsächlichen Rassenunterschiede zwischen Weißen, Schwarzen und Gelben interessierten Hitler überhaupt nicht), sondern ein Kampf innerhalb der weißen Rasse, nämlich zwischen den »Ariern« und den Juden – also den Juden und allen anderen, die zwar im übrigen ständig im Kampf miteinander liegen, gegen die Juden aber sämtlich auf dieselbe Seite gehören. In diesem Kampf geht es nicht um Lebensraum, sondern buchstäblich ums Leben, es ist ein Ausrottungskampf. »Der Jude« ist der Feind aller: »Sein Endziel ist die Entnationalisierung, die Durcheinanderbastardisierung der anderen Völker, die Senkung des Rassenniveaus der Höchsten sowie die Beherrschung dieses Rassenbreies durch Ausrottung der völkischen Intelligenzen und deren Ersatz durch Angehörige des eigenen Volkes.« Und nicht nur das: »Siegt der Jude mit Hilfe seines marxistischen Glaubensbekenntnisses über die Völker dieser Welt, dann wird seine Krone der Totenkranz der Menschheit sein, dann wird dieser Planet wieder wie einst vor Jahrmillionen menschenleer durch den Äther ziehen.« Die Juden wollen also sogar nicht nur die »völkischen Intelligenzen« ausrotten, sondern offenbar die ganze Menschheit. Wenn das so ist, dann muß sich natürlich die ganze Menschheit zusammentun, um sie ihrerseits auszurotten, und tatsächlich gibt sich Hitler in seiner Eigenschaft als Judenausrotter denn auch keineswegs als speziell deutscher Politiker, sondern als Vorkämpfer der gesamten Menschheit: »Indem ich mich des Juden erwehre, kämpfe ich für das Werk des Herrn.« In seinem politischen Testament nennt er »das internationale Judentum« »den Weltvergifter aller Völker«, und sein letztes Bormanndiktat, vom 2. April 1945, schließt mit den Worten: »Man wird dem Nationalsozialismus ewig dafür dankbar sein, daß ich die Juden in Deutschland und Mitteleuropa ausgelöscht habe.« Hier gibt er sich also geradezu als Internationalist und Menschheitsbeglücker.

Wir kritisieren im Augenblick noch nicht (so schwer es fällt, diesen mörderischen Unsinn unkritisiert wiederzugeben), wir stellen dar. Aber auch eine bloße Darstellung erfordert die Antwort auf drei Fragen:

Erste Frage: Was sind die Juden eigentlich in Hitlers Augen? Eine Religion, ein Volk, eine Rasse?

Zweite Frage: Was tun sie, laut Hitler, eigentlich, um für alle anderen Völker so gefährlich zu werden und ein so schreckliches Los zu verdienen?

Dritte Frage: Wie läßt sich Hitlers Lehre vom ewigen Kampf zwischen den Juden und allen anderen mit seiner Lehre vom ebenso ewigen – und ebenso gottgewollten – Kampf aller anderen untereinander vereinigen?

Hitler hat durchaus versucht, auf diese drei Fragen eine Antwort zu finden; freilich fallen alle diese Antworten etwas verworren und gekünstelt aus; hier liegen die ausgefransten Ränder der Hitlerschen Gedankenwelt.

Zur ersten Frage ist für Hitler nur eins klar: daß die Juden keine Religionsgemeinschaft sind. Das wiederholt er unermüdlich, ohne es je zu begründen, obwohl es doch eigentlich einer Begründung bedürfte. Denn daß es eine jüdische Religion gibt, und daß es diese Religion gewesen ist, was die Juden über die fast 1900 Jahre der Zerstreuung als Juden zusammengehalten hat, liegt ja vor aller Augen. Genug, eine Religionsgemeinschaft sind sie für Hitler nicht. Aber ob sie eine Rasse oder ein Volk sind, darüber ist sich Hitler offenbar nie ganz schlüssig geworden. Er spricht zwar immer wieder von der jüdischen Rasse, und zwar in dem Doppelsinn von »schlechte Rasse« und »andere Rasse«; aber in seinem zweiten Buch, wo sich die sorgfältigste Ausarbeitung seiner Theorie des Antisemitismus findet, nennt er sie, wohl zutreffender, ein Volk, und er gesteht ihnen sogar zu, was er allen anderen Völkern zugesteht: »So wie jedes Volk als Grundtendenz seines gesamten irdischen Handelns die Sucht der Erhaltung seiner selbst als treibende Kraft besitzt, genau so auch das Judentum.« Er fügt aber gleich hinzu: »Nur ist hier entsprechend der grundverschiedenen Veranlagung arischer Völker und des Judentums der Lebenskampf auch in seinen Formen verschieden.«

Denn die Juden – und damit kommen wir zu Hitlers Antwort auf die zweite Frage – die Juden sind ihrem Wesen nach international, unfähig zur Staatsbildung. »Jüdisch« und »international« sind für Hitler geradezu Synonyme; alles, was international ist, ist jüdisch, und in diesem Zusammenhang spricht Hitler dann sogar doch von einem jüdischen Staat: »Der jüdische Staat war nie in sich räumlich begrenzt, sondern universell unbegrenzt auf den Raum, aber beschränkt auf die Zusammenfassung einer Rasse.« Und daher – nun kommt es – ist dieser »jüdische Staat«, das »internationale Weltjudentum«, der Feind aller übrigen Staaten, die er mit allen Mitteln gnadenlos bekämpft, außenpolitisch durch Pazifismus und Internationalismus, Kapitalismus und Kommunismus, innenpolitisch durch Parlamentarismus und Demokratie. Alles dies sind Mittel zur Schwächung und Zerstörung des Staates, und alles ist die Erfindung der Juden, denn mit allem sind sie nur auf eines aus: die »arischen« Völker in ihrem prächtigen Kampf um Lebensraum (an dem die

Juden listigerweise nicht teilnehmen) zu stören und zu schwächen, um so ihre eigene verderbliche Weltherrschaft sicherzustellen.

Und hiermit haben wir auch schon Hitlers Antwort auf die dritte Frage. Warum müssen alle Völker gegen die Juden zusammenstehen, obwohl sie doch eigentlich voll damit beschäftigt sind, untereinander um Lebensraum zu kämpfen? Antwort: Sie müssen es, gerade *weil* sie um Lebensraum zu kämpfen haben, und *damit* sie sich ungestört ihrem Kampf um Lebensraum widmen können. Die Juden sind in diesem schönen Spiel die Spielverderber; mit ihrem Internationalismus und Pazifismus, ihrem (internationalen) Kapitalismus und (ebenso internationalen) Kommunismus lenken sie die »arischen« Völker von ihrer Hauptaufgabe und Hauptbeschäftigung ab, und deswegen müssen sie weg, ganz weg, aus der Welt, nicht etwa nur aus Deutschland; sie müssen »entfernt« werden, aber nicht wie ein Möbelstück, das man entfernt, indem man es anderswohin schafft, sondern wie ein Fleck, den man entfernt, indem man ihn auslöscht. Man darf ihnen auch keinen Ausweg lassen. Wenn sie ihre Religion ablegen, bedeutet das gar nichts, da sie ja keine Religionsgemeinschaft sind, sondern eine Rasse; und wenn sie sogar ihrer Rasse durch Vermischung mit »Ariern« zu entkommen suchen, dann ist das noch schlimmer, denn damit verschlechtern sie die »arische«Rasse und machen das jeweilige Volk untüchtig für seinen notwendigen Lebenskampf. Wenn sie aber in diesem Volk aufgehen wollen und deutsche, französische, englische oder sonstige Patrioten werden, dann ist das das Allerschlimmste: Denn dann sind sie darauf aus, »die Völker in gegenseitige Kriege zu stürzen (aber ist das denn nicht laut Hitler gerade das, wozu die Völker da sind?) und auf diesem Wege langsam mit Hilfe der Macht des Geldes und der Propaganda sich zu ihren Herren aufzuschwingen«. Man sieht, die Juden können tun, was sie wollen: im Unrecht sind sie immer, und ausgerottet werden müssen sie auf jeden Fall.

Soweit Hitlers zweite Theorie, die antisemitische, die durchaus selbständig neben der ersten, der völkischen steht und sogar nur schwer mit ihr unter einen Hut gebracht werden kann. Beide zusammen machen das aus, was man den »Hitlerismus« nennen kann, das Gedankengebäude des »Programmatikers« Hitler, gewissermaßen sein Pendant zum Marxismus.

Mit dem Marxismus hat der Hitlerismus wenigstens eines gemein: den Anspruch, die gesamte Weltgeschichte aus einem Punkt zu erklären: »Die Geschichte aller bisherigen Gesellschaft ist eine Geschichte von Klassenkämpfen«, heißt es im Kommunistischen Manifest, und ganz entsprechend bei Hitler: »Alles weltgeschichtliche Geschehen ist nur die Äußerung des Selbsterhaltungstriebes der Rassen.« Solche Sätze haben eine große Suggestionskraft. Wer sie liest, hat das Gefühl, daß ihm plötzlich ein Licht aufgeht: Das Verworrene wird einfach, das Schwierige leicht. Sie geben dem, der sie willig akzeptiert, ein angenehmes Gefühl von Aufgeklärtheit und Bescheidwissen, und sie erregen außerdem eine gewisse wütende Ungeduld mit denen, die sie *nicht* akzeptieren, denn als Oberton schwingt in solchen Machtworten immer mit: »...und alles andere ist Schwindel.« Man findet diese Mischung von Überlegenheitsdünkel und Unduldsamkeit gleichermaßen bei überzeugten Marxisten und bei überzeugten Hitleristen.

Aber natürlich ist es ein Irrtum, daß »alle Geschichte« dies oder das sei. Die Geschichte ist ein Urwald, und keine Schneise, die man hineinschlägt, erschließt den ganzen Wald. In der Geschichte hat es Klassenkämpfe gegeben *und* Rassenkämpfe, überdies Kämpfe (und das häufiger) zwischen Staaten, Völkern, Religionen, Ideologien, Dynastien, Parteien und so weiter und so fort. Es gibt überhaupt keine denkbare Menschengemeinschaft, die nicht unter Umständen mit einer anderen in eine Konfliktsituation geraten kann – und irgendwann, irgendwo in der Geschichte auch geraten ist.

Aber die Geschichte – das ist der zweite Irrtum in solchen diktatorischen Sätzen – besteht nicht nur aus Kämpfen. Sowohl Völker wie Klassen, um nur von diesen zu reden, haben weit mehr geschichtliche Zeit im Frieden als im Kriege miteinander verbracht, und die Mittel, mit denen sie das geschafft haben, sind mindestens ebenso interessant und historisch erforschenswert wie die Ursachen, die

sie immer wieder einmal kriegerisch haben zusammen-
stoßen lassen.

Eins dieser Mittel ist der Staat, und da ist nun das
Bemerkenswerte, daß der Staat in Hitlers politischer
Systematik eine ganz untergeordnete Rolle spielt. Wir sind
schon in einem ganz anderen Zusammenhang, als wir uns
Hitlers Leistungen ansahen, auf die überraschende Tatsache gestoßen, daß er kein Staatsmann war; daß er sogar
das, was er an deutscher Staatlichkeit vorfand, schon lange
vor dem Krieg nach Kräften zerstörte und durch ein Chaos
von »Staaten im Staate« ersetzte. Hier finden wir nun in
Hitlers Gedankenwelt die theoretische Begründung für
dieses Fehlverhalten. Hitler interessierte sich nicht für den
Staat, verstand nichts vom Staat und hielt nichts vom Staat.
Nur auf die Völker und die Rassen kam es ihm an, nicht auf
die Staaten. Der Staat war ihm »nur ein Mittel zum
Zweck«, und zwar, kurz gesagt, zum Zweck des Kriegfüh-
rens. An Kriegsvorbereitung hat es Hitler in den Jahren
1933–1939 ja denn auch nicht fehlen lassen, aber was er
schuf, war eine Kriegsmaschine, kein Staat. Und das sollte
sich rächen.

Ein Staat ist nämlich nicht nur eine Kriegsmaschine – die
hat er höchstens –, und er ist auch nicht notwendigerweise
die politische Organisation eines Volkes. Der Gedanke
des Nationalstaats ist nicht älter als zweihundert Jahre.
Die meisten geschichtlichen Staaten umfaßten oder um-
fassen noch heute viele Völker, wie die Großreiche der
Antike, aber auch noch die heutige Sowjetunion; oder nur
Teile eines Volkes, wie die antiken Stadtstaaten und die
derzeitigen deutschen Staaten. Deswegen hören sie nicht
auf, Staaten zu sein, und deswegen hören sie nicht auf,
notwendig zu sein. Der Staatsgedanke ist viel älter als der
nationale Gedanke; und Staaten sind nicht in erster Linie
zum Kriegführen da, sondern im Gegenteil zur Bewahrung
und Sicherung des äußeren wie des inneren Friedens ihrer
Bewohner, ob diese nun völkisch homogen sind oder
nicht; sie sind Ordnungssysteme. Der Krieg ist nicht
weniger als der Bürgerkrieg ein Ausnahmezustand und
Staatsnotstand; um mit solchen Ausnahme- und Notstän-
den fertig zu werden, haben die Staaten ihr Gewaltmonopol, ihr Militär und ihre Polizei; dazu, und freilich auch zur

Austragung ihrer Konflikte, aber sie haben es nicht, um einem Volk auf Kosten anderer Völker Lebensraum zu erobern, um Kriege zur Verbesserung der Rasse zu führen oder um Weltherrschaft zu gewinnen.

Von alledem hatte Hitler keine Ahnung; oder vielleicht sollte man besser sagen: Er wollte nichts davon wissen. Denn der voluntaristische Zug in Hitlers Weltbild ist nicht zu übersehen: Er sah die Welt so, wie er sie sehen *wollte*. Daß die Welt unvollkommen ist, voller Kampf, Not und Leid, auch die Staatenwelt, die gesprenkelt ist von Argwohn, Feindschaft, Furcht und Krieg – wie wahr ist das, und wie recht haben die, die sich darüber nichts vormachen! Soweit er nichts weiter als das sagt, wohnt Hitler durchaus in der Wahrheit. Nur daß er es nicht mit dem traurigen, tapferen Ernst sagt, mit dem ein Luther dem, was er die Erbsünde, ein Bismarck dem, was er das irdisch Unvollkommene nannte, gefaßt ins Auge sah, sondern mit der sich überschlagenden Stimme, mit der etwa Nietzsche so oft das Beklagenswerte bejubelte. Für Hitler war der Ausnahmezustand die Norm, der Staat für den Krieg da. Aber damit war er im Irrtum. So ist die Welt nicht. Auch nicht die Staatenwelt. In der Staatenwelt, wie sie ist, werden Kriege immer für einen Frieden geführt; Verteidigungskriege sowieso, aber auch Angriffskriege, sofern sie überhaupt einen Sinn haben sollen. Jeder Krieg endet mit einem Friedensvertrag oder Staatsvertrag und einem neuen Friedenszustand, der meistens viel länger dauert als der vorangegangene Kriegszustand. Wenn die Waffenentscheidung gefallen ist, muß Friede geschlossen werden, sonst hat der Krieg keinen Sinn gehabt. Daß Hitler das nicht sah – nicht sehen wollte –, führte, wie wir im nächsten Kapitel sehen werden, zu einem seiner verhängnisvollsten Fehler.

In Hitlers Weltbild waren vielmehr Kriege immer Eroberungskriege, mit dem Ziel der Gewinnung von Lebensraum für das kriegführende Volk, der dauernden Unterwerfung (oder Vernichtung) der Besiegten, und letzten Endes der Weltherrschaft. Ein weiterer Irrtum. Kriege um Lebensraum hat es, jedenfalls bis zu Hitler, in Europa seit der Völkerwanderung, also seit rund anderthalb Jahrtausenden, nicht mehr gegeben. Europa war besiedelt; seine Völker waren ortsfest; und auch wenn bei Friedensschlüssen die eine oder andere Provinz die Staatsangehörigkeit wechselte oder gar ein ganzer Staat, wie Polen, zwischen seinen Nachbarn aufgeteilt wurde, blieben die Bewohner, wo sie waren; Lebensraum wurde weder gewonnen noch verloren, um Lebensraum wurde in Europa nicht gekämpft. Das hat erst Hitler nach einer Pause von rund 1500 Jahren wieder in die europäische Geschichte eingeführt, und es hat sich für Deutschland furchtbar ausgewirkt. Vertreibung, wie die der Deutschen aus ihren früheren Ostgebieten, war genau das, was Hitler als Sinn jedes Krieges immer gepredigt und im eroberten Polen auch schon seinerseits praktiziert hatte.

»Lebensraum« war aber auch noch aus einem anderen Grunde eine irrtümliche Konzeption. Es lohnt sich nämlich im zwanzigsten Jahrhundert gar nicht mehr, um Lebensraum zu kämpfen. Wenn Hitler Wohlstand und Macht eines Volkes am Umfang des von ihm bewohnten und beackerten Areals maß, wenn er »Bodenpolitik« forderte und betrieb, dann vergaß und verdrängte er die industrielle Revolution. Wohlstand und Macht hängen seit der industriellen Revolution nicht mehr von der Größe des Bodenbesitzes ab, sondern vom Stand der Technologie. Für diese aber ist die Größe des Lebensraums belanglos.

Für die technologisch-industrielle Entwicklung eines Landes kann ein Übermaß von »Lebensraum«, also große Ausdehnung bei dünner Bevölkerung, geradezu ein Handikap sein, wovon zum Beispiel die Sowjetunion ein Lied zu singen weiß: Es will und will ihr nicht gelingen, das riesige und rohstoffreiche, aber allzu dünn bevölkerte Sibirien zu erschließen und zu entwickeln. Jedenfalls springt in die Augen, daß einige der ärmsten und schwächsten Länder der heutigen Welt riesig, einige der reichsten und sichersten winzig sind. Mit seiner Lebensraumtheorie lebte Hitler, der doch auf manchen Gebieten – Militärtechnologie, aber auch Massenmotorisierung – durchaus modern zu denken wußte, noch ganz und gar im vorindustriellen Zeitalter.

Aber gerade dieser Irrtum Hitlers hat ein zähes Leben.

Denn die Nostalgie nach dem vorindustriellen Zeitalter und der angstvolle Überdruß an der »unmenschlichen« menschengemachten Welt, in die wir seit zweihundert Jahren immer schneller hineinleben, waren nicht nur zu Hitlers Zeiten weitverbreitet, sie sind auch gerade heute wieder stark. Sie machten Hitlers Lebensraumgedanken vielen seiner Zeitgenossen einleuchtend – sah Deutschland auf der Landkarte nicht wirklich im Verhältnis zu seiner Stärke und Volkszahl viel zu klein aus? Wenn Deutschland allerdings wieder in der Hauptsache ein Bauernland werden sollte – worin Hitler merkwürdigerweise wie Morgenthau dachte –, dann brauchte es in der Tat mehr Lebensraum, allerdings nur dann.

Auch der Gedanke, daß es in den Kriegen des zwanzigsten Jahrhunderts letzten Endes um die Weltherrschaft gehe, ist älter als Hitler und hat ihn überdauert. Schon vor dem Ersten Weltkrieg schrieb Kurt Riezler, der Berater des Reichskanzlers Bethmann-Hollweg, ein hochgebildeter Mann: »Der Idee nach … will jedes Volk wachsen, sich ausdehnen, herrschen und unterwerfen ohne Ende, will immer fester sich zusammenfügen und immer Weiteres sich einordnen, immer höhere Ganzheit werden, bis das All unter seiner Herrschaft ein Organisches geworden ist.« Das ist reiner Hitler, nur salbungsvoller ausgedrückt. Falsch war es trotzdem: Nicht jedes Volk hat solche Ziele. Oder sind zum Beispiel die Schweizer und Schweden keine Völker? Nicht einmal von den europäischen Großmächten im Zeitalter des europäischen Kolonialimperialismus kann man sagen, daß sie wirklich, jede von ihnen für sich, nach Weltherrschaft strebten: Zu fest saß in ihnen die jahrhundertealte Erfahrung, daß sie einander nicht abschaffen konnten, daß vielmehr jeder Versuch zur Vorherrschaft auch nur in Europa unfehlbar eine Koalition der dadurch bedrohten übrigen Großmächte herbeiführte, die ihn zum Scheitern brachte.

Auch die Alldeutschen der Wilhelminischen Epoche meinten, wenn sie von deutscher Weltmacht schwärmten, meist nur, daß Deutschland als »Weltmacht« neben anderen stehen sollte; sie dachten dabei an ein großes deutsches Kolonialreich in Asien und Afrika, gestützt auf deutsche Vorherrschaft auf dem europäischen Kontinent, nicht an

Welteroberung und Weltherrschaft im genauen Wortsinn.

Hitler dagegen meinte es ganz offenbar wortwörtlich, wenn er von Weltherrschaft sprach, auch wenn er kaum erwartete, bei seinen Lebzeiten mehr zu erreichen als die deutsche Herrschaft über ganz Europa, einschließlich insbesondere Rußlands (Kolonien interessierten ihn wenig). Aber das »Großgermanische Reich«, das er aus dem eroberten Europa machen wollte und in dem die Völker in eine neue Rassenhierarchie ein- und umgeschmolzen werden sollten, sollte dann das Sprungbrett zur tatsächlichen Weltherrschaft werden.

Nun ist ja etwas dran, daß unsere durch Technologie geschrumpfte und durch Massenvernichtungswaffen gefährdete Welt Einheit verlangt und daß damit der Gedanke der Weltherrschaft – Welteinheit, Weltregierung, Weltherrschaft, das liegt alles nah beieinander – im zwanzigsten Jahrhundert wieder auf die Tagesordnung gekommen ist. Nicht darin lag Hitlers Irrtum, daß er ihn sich zu eigen machte. Sondern darin, daß er im Deutschen Reich einen ernsthaften Kandidaten für die Weltherrschaft sah. Das Deutschland seiner Zeit war unzweifelhaft eine Großmacht, in Europa die stärkste; aber immer noch eine unter mehreren, und beim Versuch, zugleich Vormacht in Europa und Weltmacht zu werden, schon einmal gescheitert. Nur wenn eine Einigung Europas gelungen wäre – und die war nicht durch Eroberungs- und Unterwerfungskriege zu bewerkstelligen – hätte ein so geeintes Europa, in dem Deutschland dann hätte aufgehen müssen, bei einer Konkurrenz um Weltherrschaft vielleicht mithalten können. Aber die Einigung Europas – das wäre ja jüdischer Internationalismus gewesen! Hitler glaubte es statt dessen mit einem völkischen Großdeutschland allein schaffen zu können, durch Rassenpolitik und Antisemitismus; ein primitiver Irrtum. Eine biologische Aufrüstung Deutschlands durch Rassenverbesserung im Züchtersinne hätte, von aller Problematik einmal abgesehen, Generationen erfordert; und Hitler wollte ja alles, was er sich vorgenommen hatte, bei seinen Lebzeiten schaffen. Was aber den Antisemitismus betraf, so irrte Hitler nicht nur über die Juden, sondern sogar über die Antisemiten.

Hitler glaubte tatsächlich – nicht nur die zitierten schriftlichen und öffentlichen Äußerungen, sondern auch mündliche und private aus der Kriegszeit beweisen es –, mit seinem Antisemitismus weltweite Sympathien für die deutsche Sache zu gewinnen, die deutsche Sache gewissermaßen zu einer Menschheitssache machen zu können. Er setzte darauf, daß es überall in der Welt Antisemiten gab. Aber den Hitlerischen Ausrottungsantisemitismus gab es nirgends außer in Osteuropa, von wo er ihn hatte; und selbst dort beruhte er, zur Ehre der Ukrainer, Polen und Litauer muß es gesagt werden, nicht auf Hitlerschen Phantasien einer jüdischen Weltverschwörung zur Versklavung oder Ausrottung der »arischen« Menschheit, sondern auf der schlichten Tatsache, daß die Juden dort als kompaktes Fremdvolk siedelten. Das taten sie anderswo nirgends; und entsprechend hatte der Antisemitismus anderswo nirgends die Ausrottung oder »Entfernung« der Juden zum Ziel.

Zum größten Teil war er, wo es ihn sonst gab, religiöser Natur: Die katholische Kirche insbesondere bekämpfte ja bis zum Zweiten Vatikanischen Konzil offen die Juden und Andersgläubige. Das Ziel dieses religiösen Antisemitismus, des weitaus verbreitetsten, war nicht die Ausrottung der Juden, sondern ihre Bekehrung; wenn sie sich taufen ließen, war alles gut.

Dann gab es, besonders in ländlichen Gebieten, einen sozialen Antisemitismus: Hier waren die Juden als Geldverleiher verhaßt – in voremanzipatorischen Zeiten bekanntlich vielfach das einzige Gewerbe, das ihnen erlaubt war. Dieser soziale Antisemitismus zielte im Grunde, wenn es auch paradox klingt, auf die Emanzipation der Juden. Sowie der Jude in einer anderen Funktion als der des Geldverleihers auftrat, schwand diese Art Antisemitismus nämlich: Der jüdische Arzt zum Beispiel, wo es ihn ausnahmsweise gab, war immer hochgeschätzt und gesucht.

Schließlich gab es einen neuen, nachemanzipatorischen Antisemitismus, den man Konkurrenzantisemitismus nennen kann. Seit ihrer Emanzipation, also rund gesprochen seit dem mittleren neunzehnten Jahrhundert, hatten die Juden, teils durch Begabung, teils auch, wie durchaus zuzugeben ist, durch Zusammenhalten, sehr sichtbar in vielen Ländern führende Positionen in vielen Bereichen gewonnen: besonders auf allen Kulturgebieten, aber auch in Medizin, Advokatur, Presse, Industrie, Finanz, Wissenschaft und Politik. Sie erwiesen sich, wenn auch nicht geradezu als das Salz der Erde, so doch in vielen Ländern als das Salz in der Suppe, sie bildeten eine Art Elite – in der Weimarer Republik, wenigstens im Berlin der Weimarer Republik, sogar so etwas wie eine zweite Aristokratie; und damit schufen sie sich natürlich nicht nur verdiente Bewunderung, sondern auch Neid und Abneigung. Wer aus diesen Gründen Antisemit war, gönnte den Juden einen Nasenstüber; er wünschte sie sich ein bißchen gedeckt. Aber Ausrottung – um Gottes willen! Was Hitler sogar bei den Antisemiten aller Länder mit seiner spezifischen Art von mörderischem Judenwahn und Judenhaß hervorrief, war zunächst, solange er ihn nur verbal austobte, Kopfschütteln; und später, als er zur Tat schritt, vielfach Entsetzen. Denn sogar die landläufigen Antisemiten teilten ja nur zu geringem Teil die von Hitler verbreiteten Irrtümer und Irrlehren über die Juden, die wir nun noch kurz kritisieren wollen; kurz, denn eigentlich widerlegen sie sich ja bereits durch ihre bloße Darstellung, die wir schon hinter uns haben.

Hitler mochte noch sooft sagen, die Juden seien keine Religionsgemeinschaft, jeder kann sehen, daß das Gegenteil wahr ist. Die jüdische Religion steht unübersehbar wie ein riesiger Fels vor den Augen der Welt: die erste und immer noch die reinste monotheistische Religion, die einzige, die den ungeheuren Gedanken des einen, namenlosen, bildlosen, unfaßbaren und unergründlichen Gottes unverwässert und unverweichlicht zu denken gewagt und durchgehalten hat; und wohl die einzige, die imstande war, ihre Gläubigen durch neunzehn Jahrhunderte der Zerstreuung und intermittierenden Verfolgung als Glaubensgemeinschaft zusammenzuhalten. Hitler sah das nicht, sah es wahrscheinlich ganz ehrlich nicht. Denn er war, trotz seiner gewohnheitsmäßigen rhetorischen Anrufung der »Vorsehung« und des »Allmächtigen«, nicht nur selbst irreligiös, sondern hatte auch kein Organ dafür, was Religion für andere bedeuten kann. Bei seinem Umgang mit den christlichen Kirchen hat sich das deutlich gezeigt.

Eine Rasse dagegen sind die Juden ganz offensichtlich nicht, selbst dann nicht, wenn man den Begriff »Rasse« auf die verschiedenen Stämme und Spielarten der weißen Rasse anwenden will. Das heutige Israel zum Beispiel ist ein ausgesprochen vielrassiger Staat, wovon jeder Besucher sich durch Augenschein überzeugen kann; und man weiß auch, warum: Das Judentum ist immer eine missionarische, proselytenmachende Religion gewesen. Angehörige aller im römischen Imperium vertretenen Völker, Stämme und Spielarten der weißen Rasse sind in spätrömischer Zeit Juden geworden, wenn auch nicht ganz so viele, wie damals Christen wurden; Judaismus und Christentum standen aber jahrhundertelang durchaus in missionarischer Konkurrenz. Es gibt sogar einige Juden, wenn auch nur wenige, die der schwarzen oder gelben Rasse angehören. Und Arthur Koestler hat kürzlich glaubhaft gemacht, daß gerade die von Hitler am schwersten heimgesuchten Ostjuden in ihrer großen Masse wahrscheinlich gar keine Semiten sind, sondern Abkömmlinge der Khasaren, eines ursprünglich zwischen Wolga und Kaukasus siedelnden Turkvolks, das im Mittelalter die jüdische Religion annahm und später nach Westen und Nordwesten wanderte. (Insofern ist sogar das Wort »Antisemitismus« unpräzise, aber wir verwenden es, da es nun einmal eingebürgert ist.)

Kann man die Juden ein Volk, eine Nation nennen? Darüber läßt sich eher reden. Ganz ohne Zweifel fehlt ihnen zwar das, woran man die Völker am sichersten erkennt: die gemeinsame Sprache. Englische Juden sprechen Englisch, französische Französisch, deutsche Deutsch usw. Und zutreffend ist auch, daß viele – wohl die meisten – Juden seit ihrer bürgerlichen Gleichstellung gute Patrioten ihrer jeweiligen Heimatländer geworden sind, manchmal, gerade in Deutschland, Superpatrioten. Trotzdem ist ein gewisses jüdisches Zusammengehörigkeits- und Solidaritätsgefühl über Ländergrenzen hinweg, ein jüdisches Volks- oder Nationalgefühl, heute besonders ausgeprägt als allgemeine jüdische Solidarität mit Israel, nicht zu übersehen, und übrigens auch nicht schwer zu erklären: Religion dient Völkern, die längere Zeit keinen eigenen Staat gehabt haben, auch sonst oft als nationales Bindemittel. So hat der Katholizismus der Polen und Iren außer seiner religiösen auch eine klar erkennbare nationale Komponente. Bei den Juden, die viel länger als die Polen und Iren ohne eigenen Staat gelebt haben, ist diese national bindende, volkschaffende Kraft der Religion womöglich noch stärker gewesen. Häufige Verfolgung tat ein übriges, um die Juden zusammenhalten zu lassen. Und etwas von dieser bindenden Kraft von Religion (und Verfolgung) wirkt wohl auch bei denen zunächst nach, die für ihre Person ihre Religion abgelegt haben. Auch das kann man bei Angehörigen anderer Religionen ebenso beobachten. Ein Ex-Protestant und ein Ex-Katholik unterscheiden sich in ihrer Denkart kaum weniger als ein Protestant und ein Katholik. Ihr geistiger Habitus bleibt von der Religion ihrer Väter und Vorväter oft noch generationenlang imprägniert. Bei einer so starken Religion wie der jüdischen mag es manchmal noch länger dauern, bis sich ihre Nachwirkungen bei den Abgefallenen verlieren.

Aber alles das ist ja kein Grund, Antisemit zu sein, geschweige denn die Juden mit dem mörderischen Haß und Vernichtungswillen zu verfolgen, den Hitler ihnen von Anfang an entgegenbrachte. Diesen spezifisch Hitlerschen Judenhaß kann man nur wie ein klinisches Phänomen konstatieren, denn das, womit Hitler ihn – erkennbar nachträglich – zu begründen versucht hat, also die jüdische Weltverschwörung zur Ausrottung aller »Arier«, ist deutlich nicht einfach Irrtum, sondern paranoider Irrsinn. Oder nicht einmal das, sondern die phantasievolle Rationalisierung eines vorgefaßten Mordvorsatzes. Jedenfalls stimmt es hinten und vorne nicht. Das »Weltjudentum« hatte nicht nur die finsteren Ziele nicht, die Hitler ihm andichtete; es hatte überhaupt keine gemeinsamen Ziele. Im Gegenteil, es war gerade zu Hitlers Zeiten so zerrissen und in seinen Tendenzen so vielfach in sich gespalten wie nie zuvor in seiner dreitausendjährigen Geschichte: zwischen überlieferter Religiosität und moderner Säkularisierung, zwischen Assimilation und Zionismus, zwischen Nationalismus und Internationalismus – nicht zu reden davon, daß alle großen Parteiungen und Spaltungen der Welt auch mitten durch das Judentum gingen, das ja seit der bürgerlichen Emanzipation der Juden ganz anders als vorher in die Welt integriert war. Zu einem großen Teil war es sogar seit einem oder einem halben Jahrhundert dabei, durch Assimilation, Konversion und Konnubium seine Identität ganz bewußt aufzugeben und sich ganz in seinen jeweiligen Heimatländern zu verlieren; und dies nirgends mit soviel Überzeugung, ja Inbrunst, wie gerade in Deutschland. Aber natürlich gab es dagegen bei manchen Juden auch erbitterten Widerstand. Kurz, die Juden, die Hitler als ebenso mächtige wie teuflische Verschwörergemeinschaft zu sehen vorgab, waren in Wahrheit als Gemeinschaft in voller Krise, so geschwächt wie nie zuvor, ja vielfach in beginnender Auflösung, als sein furchtbarer Anschlag sie traf. Sie gingen bekanntlich wie Lämmer zur Schlachtbank, und der vermeintliche Drachentöter mordete Wehrlose.

FEHLER

Einer Untersuchung der Fehler, die Hitler gemacht hat,
stehen zwei Hemmungen im Wege. Die eine ist die gleiche,
der wir schon bei unserer Betrachtung von Hitlers Irrtümern begegnet sind. Der Neigung, alles, was Hitler
gedacht hat, von vornherein unbesehen für irrtümlich zu
erklären, nur weil es eben Hitler war, der es gedacht hat,
entspricht eine Neigung, alles, was Hitler getan hat, in
Bausch und Bogen fehlerhaft zu finden, nur weil Hitler es
getan hat. Begreiflich genug; aber der Erkenntnis und
Urteilsbildung ist ein solches Vorurteil natürlich nicht
dienlich.

Die andere Hemmung liegt in der heute in der Geschichtsforschung vorherrschenden Tendenz, Geschichtsschreibung soweit wie eben möglich einer exakten Wissenschaft
anzunähern, also Gesetzmäßigkeiten zu suchen, das Au-
genmerk hauptsächlich auf soziale und ökonomische Entwicklungen zu richten, wo solche Gesetzmäßigkeiten am
ehesten zu vermuten sind, die Rolle des eigentlichen
politischen Elements in der Geschichte dementsprechend
herunterzuspielen und insbesondere den Einfluß der Politik gestaltenden Einzelpersönlichkeiten, der »großen
Männer«, auf den Geschichtsverlauf geradezu abzuleug-
nen. In diese Tendenz paßt Hitler natürlich nicht hinein,
und wer ihr anhängt, wird es geradezu als eine Zumutung
für einen seriösen Historiker empfinden, der Frage nach-
zugehen, was ein einzelner Mensch, der ganze fünfzehn
Jahre lang politisch wirksam gewesen ist, richtig oder
falsch gemacht hat, und dabei womöglich noch seinen
individuellen Charakterzügen nachspüren zu müssen,
noch dazu, wenn es sich um einen so unattraktiven Charakter handelt wie den Hitlers. Das ist doch alles vieux
jeu!

Man kann aber auch umgekehrt finden, daß gerade ein
Phänomen wie Hitler beweist, daß diese ganze historische
Richtung auf einem Holzweg ist – ebenso übrigens wie die
Phänomene Lenin und Mao, deren unmittelbare Wirk-

samkeit sich aber immerhin auf ihre eigenen Länder beschränkt, während Hitler die ganze Welt in eine neue Richtung gestoßen hat – freilich in eine andere, als er beabsichtigte; daß macht seinen Fall so kompliziert und so interessant.

Unmöglich kann ein seriöser Historiker behaupten, daß ohne Hitler die Weltgeschichte des zwanzigsten Jahrhunderts genauso verlaufen wäre, wie sie verlaufen ist. Es ist durchaus nicht sicher, daß ohne Hitler ein Zweiter Weltkrieg überhaupt stattgefunden hätte; es ist ganz sicher, daß er sich, *wenn* er stattgefunden hätte, anders abgespielt hätte – möglicherweise sogar mit ganz anderen Bündnissen, Fronten und Ergebnissen. Die Welt von heute, ob es uns gefällt oder nicht, ist das Werk Hitlers. Ohne Hitler keine Teilung Deutschlands und Europas; ohne Hitler keine Amerikaner und Russen in Berlin; ohne Hitler kein Israel; ohne Hitler keine Entkolonisierung, mindestens keine so rasche, keine asiatische, arabische und schwarzafrikanische Emanzipation und keine Deklassierung Europas. Und zwar, genauer gesagt: nichts von alledem ohne die Fehler Hitlers. Denn gewollt hat er das alles ja keineswegs.

Man muß sehr weit in der Geschichte zurückgehen – vielleicht bis zu Alexander dem Großen –, um einen Mann zu finden, der in einer unterdurchschnittlich kurzen Lebenszeit die Welt so grundstürzend und nachhaltig verändert hat wie Hitler. Aber was man in der ganzen Weltgeschichte sonst nicht finden wird, das ist ein Mann, der so wie Hitler mit einer Gewaltleistung ohnegleichen das genaue Gegenteil vom dem bewirkt hat, was er bewirken wollte.

Was Hitler wollte, war Deutschlands Vorherrschaft in Europa und direkte Herrschaft über Rußland; im übrigen die Erhaltung der europäischen Herrschaft über Afrika und große Teile Asiens und Ozeaniens. Eine Machtpyramide, mit den alten europäischen Überseekolonien und der neuen deutschen Kolonie Rußland ganz unten an der Basis, den übrigen europäischen Ländern, abgestuft in deutsche Nebenländer, Hilfsvölker, Satelliten und schein- oder halbunabhängige Bundesgenossen, als Mittelbau, und Deutschland an der Spitze. Dieses riesige deutschbeherrschte Machtgebilde sollte dann später mit guten Aussichten den Kampf mit Amerika und Japan um die Weltherrschaft aufnehmen können.

Was Hitler bewirkt hat, ist die Vorherrschaft Amerikas im westlichen und Rußlands im östlichen Europa mit Teilung Deutschlands, und die Auflösung aller europäischen Kolonialreiche. Eine Welt mit zwei Machtspitzen, in der die ehemaligen europäischen Kolonien plötzliche Selbständigkeit und eine gewisse Narrenfreiheit genießen, Europa aber (wiederum mit Abstufungen) den beiden Supermächten untergeordnet ist. Deutschland ist dabei zunächst, bei völligem Verlust seiner Staatlichkeit, ganz unten im Keller gewesen und hat Jahre und Jahrzehnte gebraucht, um sich auch nur wieder, geteilt und besetzt, in den Zustand abhängiger Bundesgenossenschaft mit Amerika beziehungsweise Rußland, in dem das übrige Europa verharrt, heraufzuarbeiten.

Mit anderen Worten: Hitler hat nichts ausgerichtet, sondern nur (aber immerhin) Ungeheuerliches angerichtet. Er hat, wie kaum ein anderer »großer Mann« der bekannten Geschichte, mit staunenerregender Wucht danebengehauen. Die gewaltige Wirkung, die er erzielt hat, ist aber deswegen nicht wegzudiskutieren, und ebensowenig ist wegzudiskutieren, daß er zweimal, im Herbst 1938 und im Sommer 1940, seinem wirklichen Ziel sehr nahegekommen ist. Es ist also kein müßiges Spiel, sondern durchaus seriöse Geschichtsbetrachtung, die Fehler herauszufinden, mit denen er alles schon halb Erreichte ins Gegenteil verkehrt hat, und es ist nicht morbide Neugier, wenn man sich dabei auch mit Hitlers Charaktereigenschaften beschäftigt: Die Fehler, die er machte, hatten meist ihre Wurzeln in Fehlern, die er hatte.

Zum Teil freilich auch in seinen Irrtümern. Zum mindesten *einen* Fehler – den allerersten, der sich schon von 1933 an auswirkte – hatte der »Programmatiker« Hitler dem Politiker Hitler vorgezeichnet.

Wir haben im vorigen Kapitel gesehen, daß in Hitlers Theorie des Weltgeschehens zwei ganz verschiedene Handlungsstränge nebeneinander liefen. Einerseits der ewige Kampf der Völker – genauer: der weißen Völker; die farbigen zählten für Hitler nicht – um Lebensraum und

Herrschaft oder Unterwerfung, mit der Weltherrschaft eines Volkes als höchsten Siegespreis; andererseits der gemeinsame Kampf aller weißen Völker gegen die Juden. Entsprechend verfolgte der Politiker Hitler von Anfang an zwei ganz verschiedene Ziele: einerseits die Herrschaft Deutschlands über Europa; andererseits die »Entfernung« der Juden, womit er ihre Ausrottung meinte. Das eine hatte mit dem anderen nichts zu tun; die beiden Vorhaben behinderten einander sogar.

Es ist in der Politik immer ein Fehler, zwei Ziele zugleich zu verfolgen; und das um so mehr, wenn schon das erste Ziel so weitgesteckt ist, daß es allenfalls mit der äußersten Konzentration aller Kräfte und auch dann nur mit viel Glück zu erreichen ist. An dem Ziel, Europa zu beherrschen, war bisher noch jeder gescheitert, der es sich gesetzt hatte, Karl der Fünfte und Philipp der Zweite ebenso wie Ludwig der Vierzehnte und Napoleon. Das war vielleicht nicht unbedingt ein Grund, jeden neuen Versuch als von vornherein als aussichtslos zu unterlassen; denkbar immerhin, daß Deutschland im zwanzigsten Jahrhundert hätte gelingen können, was Spanien im sechzehnten, Frankreich im siebzehnten und neunzehnten mißglückt war. Aber es *war* allerdings ein Grund, den voraussehbaren gewaltigen Widerständen, die sich aus der Sache selbst ergaben, nicht noch ohne Not einen weiteren hinzuzufügen, der mit der Sache nichts zu tun hatte. Wer Europa erobern wollte, durfte der Zahl der Feinde, die er sich damit voraussehbarerweise in Europa machte, nicht noch verstreute, aber einflußreiche Feinde in der ganzen Welt (und im eigenen Land) hinzufügen. Das war ein Fehler, besonders dann, wenn die Extrafeinde, die man sich willkürlich machte, vorher die besten Freunde gewesen waren. Und das waren die Juden, bis Hitler sie zu Feinden machte.

Dabei kommt es nicht darauf an, wie hoch man den Einfluß der Juden auf die Politik ihrer verschiedenen Länder einschätzt. Hitler überschätzte ihn wahrscheinlich – was ein Grund mehr für ihn hätte sein müssen, sie auf seiner Seite zu halten und nicht grundlos auf die feindliche Seite zu zwingen. Denn bis zu Hitler war der jüdische Einfluß in der Welt ganz überwiegend ein ausgesprochen deutschfreundliches Element gewesen, wovon die Gegenseite im Ersten Weltkrieg ein Lied hatte singen können. In Amerika hatte er dem Kriegseintritt auf der Ententeseite lange und fühlbar entgegengewirkt. In Rußland hatte er eine große Rolle bei der von Deutschland erfolgreich betriebenen Revolutionierung des Zarenreichs gespielt. Durch seinen Antisemitismus schuf sich Hitler also nicht nur ohne Not weltweit zusätzliche Feinde: Er machte Feinde aus Freunden, er übertrug ein Gewicht, das vorher auf der deutschen Seite der Waage gelegen hatte, auf die feindliche – was doppelt zählt.

Immer noch unterschätzt wird aber auch das Handikap, das Hitler sich mit seinem Antisemitismus von Anfang an in Deutschland selbst gab, auch wenn sich dieser Antisemitismus zunächst nur in ständiger Beleidigung, Diffamierung und Diskriminierung der deutschen Juden kundtat und seine grausigen Endformen noch nicht erkennen ließ. Beleidigung genügt vollkommen, um Freunde zu Feinden zu machen. Und die deutschen Juden waren in ihrer großen Masse bis zu Hitler – rührenderweise zu einem kleinen Teil sogar über Hitler hinaus und trotz Hitler – geradezu in Deutschland vernarrt.

Gute Patrioten waren die Juden seit ihrer Emanzipation in allen westlichen Ländern geworden. Aber nirgends hatte dieser jüdische Patriotismus so glühende, tief emotionale Züge angenommen wie gerade in Deutschland. Man kann von einer jüdischen Liebesaffäre mit Deutschland sprechen, die sich in dem Halbjahrhundert vor Hitler abgespielt hat (Jörg von Uthmann hat in seinem Buch »Doppelgänger, du bleicher Geselle« einen ersten Versuch gemacht, dieser besonderen jüdisch-deutschen Affinität auf den Grund zu kommen). Und gewiß ist, daß dabei die Juden der liebende Teil waren; die Deutschen ließen es sich allenfalls, geschmeichelt und ein bißchen befremdet, gefallen, von ihren jüdischen Landsleuten angeschwärmt zu werden – soweit sie es nicht als jüdische Aufdringlichkeit abwehrten. Immerhin hat diese jüdisch-deutsche Liebesbeziehung auf kulturellem Gebiet einige wunderbare Blüten hervorgetrieben; man denke an Samuel Fischer und seine Autoren oder an Max Reinhardt und seine Schauspieler. Und immerhin waren deutsche Juden ganz hervorragend daran beteiligt, daß Deutschland im ersten

Drittel des zwanzigsten Jahrhunderts auf intellektuellem und kulturellem Gebiet ebenso wie in Wissenschaft und Wirtschaft zum ersten Mal England und Frankreich deutlich den Rang ablief.

Damit war es 1933 sofort vorbei. Hitler sorgte dafür, daß bei den meisten deutschen Juden beleidigte Liebe in Haß umschlug; und außer den deutschen Juden machte er sich auch diejenigen Deutschen – gewiß nicht die meisten, aber auch nicht gerade die schlechtesten – zu Feinden, die ihren jüdischen Freunden treu blieben. Ein großer Teil dessen, was an passivem Widerstand in Deutschland der Hitlerwelle standhielt, war durch seinen Antisemitismus verursacht. Wie weit dieses stille Nichtmitmachen einer Minderheit – immerhin keiner ganz verschwindenden Minderheit – Hitler geschwächt hat, läßt sich natürlich nicht berechnen. Daß zum Beispiel fast alles, was in der deutschen Literatur Rang und Namen hatte, in die Emigration ging, konnte Hitler verschmerzen. Ein Imponderabile, das dazu beitrug, Hitlers Deutschland in der Welt von vornherein die Reputation zu verderben, war es trotzdem. Schwerer wog der Aderlaß, den Hitlers Antisemitismus der deutschen Wissenschaft zufügte. Nicht nur die jüdischen Wissenschaftler, mit Einstein an der Spitze, wanderten aus. Auch bedeutende nichtjüdische folgten ihren jüdischen Kollegen oder Lehrern; und die ausländischen, die vorher massenhaft nach Deutschland gepilgert waren, blieben weg. Bis zu Hitler lag das Weltzentrum der Atomforschung in Göttingen; 1933 verlagerte es sich nach Amerika. Es ist eine interessante Spekulation, daß ohne Hitlers Antisemitismus wahrscheinlich Deutschland, und nicht Amerika, als erste Macht die Atombombe entwickelt haben würde.

Daß Hitler mit seinem Antisemitismus seinem Machtstreben von Anfang an ein unberechenbares Handikap auflud, war also ohne jeden Zweifel sein erster schwerer Fehler – ein Fehler, der immer noch unterschätzt wird. Freilich mußten andere Fehler dazukommen, bis das Maß voll war.

Denn trotz der Schäden, die Hitlers Antisemitismus der deutschen Sache von Anfang an zufügte, bleibt die Tatsache ja bestehen, daß Hitler zweimal seinem Ziel sehr nahe kam: im Herbst 1938, als ihm mit voller Zustimmung Englands und Frankreichs eine Vormachtstellung in Osteuropa eingeräumt wurde, und im Sommer 1940, als ihm der Sieg über Frankreich und die Besetzung vieler anderer Länder fast den ganzen Kontinent diesseits von Rußland zu Füßen legte. Das nötigt zu der Frage, ob eine deutsche Herrschaft oder Vorherrschaft in und über Europa an und für sich schon utopisch, diese Zielsetzung Hitlers also ebenfalls von vornherein ein Fehler war.

Die Frage wird heute, soweit sie überhaupt aufkommt, im allgemeinen ohne viel Diskussion bejaht, auch von den heutigen Bundesdeutschen, insbesondere der jüngeren Generation, die ihre Väter und Großväter oft wie Wahnsinnige anstarrt, weil sie sich ein solches Ziel setzen konnten. Immerhin ist zunächst einmal festzuhalten, daß diese Väter und Großväter, zwei Generationen von Deutschen also, die Generation des Ersten und die des Zweiten Weltkrieges, in ihrer großen Mehrheit dieses Ziel vernünftig und erreichbar fanden, sich dafür begeisterten und nicht selten dafür starben.

Natürlich ist damit noch nichts darüber gesagt, ob das Ziel erreichbar oder wünschenswert war. Wenige werden das heute bejahen wollen. Aber wenn man sich Momentaufnahmen des Europa vom Herbst 1938 und vom Sommer 1940 zurückruft und zu eingehender Betrachtung eine Weile im Bilde stehen läßt, und noch mehr, wenn man den trübseligen Status des nachhitlerischen Europa mit der Weltstellung des vorhitlerischen vergleicht, wird man doch sehr nachdenklich. War Europa nicht wirklich, wenn es diese Weltstellung wahren wollte, auf Einigung angewiesen? Konnte diese Einigung ohne gewaltsame Nachhilfe zustande gebracht werden, und erforderte sie nicht wenigstens im Anfangsstadium die Vorherrschaft seiner stärksten Macht? Und war diese stärkste Macht etwa nicht Deutschland? Jedenfalls waren es nicht nur die Deutschen – zwei Generationen von ihnen –, die auf solche Fragen mit Ja antworteten. Was sich 1938 und 1940 zeigte, war, daß auch viele nichtdeutsche Europäer, wenn auch vielleicht mit Vorbehalten, ein zögerndes »Ja« bereithielten. Und was sich nach 1945 herausgestellt hat, ist, daß sie damit möglicherweise nicht einmal ganz unrecht hatten.

Oder gehabt hätten, wenn das Deutschland, mit dem sie es zu tun hatten, eben nicht das Deutschland Hitlers gewesen wäre.

Ein von Hitler beherrschtes Europa wäre unzweifelhaft ein Alptraum gewesen, so wie schon das von Hitler beherrschte Deutschland in vieler Hinsicht ein Alptraum war – mit seinen Judenverfolgungen und Konzentrationslagern, seinem Verfassungschaos, seiner Rechtsauflösung und erzwungenen kulturellen Provinzialität. Aber darüber darf man etwas anderes nicht übersehen: Das europäische Gleichgewichtssystem des neunzehnten Jahrhunderts war im zwanzigsten nicht mehr zu retten. Schon der erste Weltkrieg und die ihm folgende Friedensregelung hatten es im Kern zerstört, und der 1939 nach langem Zaudern und mit halbem Herzen unternommene Versuch Englands und Frankreichs, es wiederherzustellen, scheiterte bereits 1940. Der Test des Zweiten Weltkriegs hat erwiesen, daß das Europa des zwanzigsten Jahrhunderts nur noch die Wahl zwischen deutscher und amerikanisch-russischer Vorherrschaft hatte. Kein Zweifel: So wie eine deutsche Vorherrschaft unter Hitler beschaffen war, war ihr eine amerikanische bei weitem vorzuziehen, und ein wenig sogar eine russische, obwohl manche das bestreiten werden. Andererseits hätte eine deutsche Vorherrschaft Europa geeinigt; eine amerikanisch-russische mußte es zwangsläufig spalten. Und ein unter deutscher Vorherrschaft geeinigtes Europa hätte seine imperiale Vorherrschaft in Asien und Afrika noch eine ganze Weile bewahren können; das zwischen Amerika und Rußland geteilte Europa mußte sie überstürzt verlieren.

Das macht es verständlich, daß Hitler 1938 in Osteuropa und 1940, nach seinem Sieg über Frankreich, auf dem ganzen Kontinent eine gewisse Verständigungs- und Unterordnungsbereitschaft vorfand, wenn es auch damals gewiß keine europäische Einheitssehnsucht gab, die etwa der deutschen des mittleren neunzehnten Jahrhunderts an Stärke entsprochen hätte. Die gab es erst nach 1945, als das Kind in den Brunnen gefallen war. Aber eine Bereitschaft, der Gewalt zu weichen und aus der Unterordnung unter die Übermacht das Beste zu machen, stellte sich auch schon 1938 und 1940 als durchaus vorhanden heraus, und sie war mindestens hier und dort verbunden mit einer Ahnung, daß Europa ein höheres Maß an Einheit möglicherweise ganz gut gebrauchen könnte, sei es auch um den Preis einer (vielleicht nur anfänglichen) deutschen Vorherrschaft. Die Erinnerung war noch lebendig, wie Bismarcks Preußen die 1866 im Krieg besiegten deutschen Länder geeinigt hatte – und dann in dem so geeinigten Deutschland allmählich aufgegangen war. War es nicht denkbar, daß ein siegreiches Deutschland in einem geeinigten Europa allmählich ebenso aufgehen und seine abstoßenden Züge dabei allmählich abschleifen würde? Ließ sich dieser erwünschte Pozeß nicht vielleicht sogar durch Entgegenkommen beschleunigen? Solche Gedanken waren 1940 in fast allen Ländern Europas – besonders in Frankreich – weit verbreitet, so wenig man später von ihnen wissen wollte. Hätte Deutschland damals einen Bismarck gehabt und nicht einen Hitler ...

Aber geraten wir nicht ins Träumen. Deutschland hatte Hitler, und von Hitler hing es ab – was immer die soziologische Schule der Geschichtsschreibung dazu sagen mag –, ob aus dieser Situation ein geeintes und gestärktes, wenn auch zunächst deutsch beherrschtes Europa hervorging oder das, was tatsächlich daraus hervorgegangen ist. »Ich war Europas letzte Chance«, hat Hitler in den Bormann-Diktaten vom Februar 1945 gesagt; in gewissem Sinne mit Recht. Nur hätte er hinzufügen müssen: »Und ich zerstörte sie.« Daß er sie zerstörte – das war sein zweiter großer Fehler nach dem ersten, seine deutsche Europapolitik mit seinem Antisemitismus zu belasten. Um zu verstehen, wodurch und warum er sie zerstörte – und zwar zweimal –, müssen wir seine Politik im Herbst 1938 und im Sommer 1940 ein wenig unter die Lupe nehmen. Dabei ergibt sich, daß er die Chance, die sich ihm zweimal bot, beide Male entweder nicht sah oder bewußt wegwarf – ein zweimaliger Unterlassungsfehler, der ebenso schwer wiegt wie die mehr augenfälligen Fehler des Jahres 1941, als er Rußland angriff und Amerika den Krieg erklärte. Zunächst kurz die Fakten.

Im März 1938 hatte Hitler aus dem Deutschen Reich durch den Anschluß Österreichs das Großdeutsche Reich gemacht, und im September desselben Jahres gestanden

England und Frankreich im Münchener Abkommen diesem Großdeutschen Reich den weiteren Anschluß der deutschbesiedelten Randgebiete Böhmens und Mährens zu. Das Münchener Abkommen bedeutete viel mehr als nur die Zerstückelung der Tschechoslowakei, die vergeblich auf ihr Bündnis mit Frankreich gebaut hatte. Es bedeutete praktisch den politischen Rückzug Englands und Frankreichs aus der östlichen Hälfte Europas und die Anerkennung Osteuropas bis zur russischen Grenze als deutsche Einflußzone. Die Rumpftschechoslowakei, die das Münchener Abkommen zurückließ, war fortan Wachs in Hitlers Hand. Polen und Ungarn, die er an dem tschechischen Raub beteiligte, waren damit seine Verbündeten geworden, und zwar schwache Verbündete eines Starken. Rumänien und Jugoslawien, schon vorher mit Deutschland wirtschaftlich so eng verbunden, daß man von Abhängigkeit sprechen konnte, mußten nun auch politisch die engste Verbindung suchen: Ihr französisches Bündnis war durch München entwertet. Bulgarien und die Türkei, alte deutsche Verbündete aus dem Ersten Weltkrieg, orientierten sich ebenfalls wieder nach Deutschland.

Hitler hatte also seine erste politische Jugendvision verwirklicht: ein Großdeutschland als Vormacht aller Nachfolgestaaten des alten Österreich und darüber hinaus des ganzen Raums zwischen Deutschland/Österreich und Rußland, und das alles ohne Krieg, mit voller Zustimmung Englands und Frankreichs, während Rußland dieser gewaltigen Machtzusammenballung an seiner Westgrenze argwöhnisch, aber ohnmächtig zusehen mußte. Alles, was jetzt zu tun blieb, war, dieses neue großdeutsch-osteuropäische Imperium zu ordnen, ihm Façon zu geben und seinen Völkern Zeit, sich in ihre neuen Verhältnisse einzugewöhnen. Ein Krieg war dazu nicht mehr nötig, und daß es ohne Krieg geschah, war denn auch die stillschweigende Bedingung, an die England und Frankreich ihre Zustimmung geknüpft hatten. Sie wollten ja in München »Friede für unsere Zeit« erkaufen, und wenn der englische Premierminister Chamberlain bei seiner Rückkehr aus München dieses Ziel schon – voreilig, wie sich herausstellte – als erreicht proklamierte, dann deswegen, weil er

Hitler jetzt auf Jahre hinaus friedlich beschäftigt glaubte: Denn die Organisation und Konsolidierung der riesigen und heterogenen osteuropäischen Einflußzone, die Chamberlain zusammen mit seinem französischen Kollegen Daladier Deutschland in München freigemacht hatte, erforderte, außer Takt und Fingerspitzengefühl, zweierlei: konstruktive Staatskunst – man könnte sagen: Staatsbaukunst – und Geduld.

Aber gerade diese Eigenschaften gingen Hitler ab. Wir sind dem Mangel seiner Begabungsausstattung, was staatsmännische Konstruktivität betrifft, schon vorher begegnet: Er hatte ja nicht einmal seinem eigenen, existierenden Staat eine neue Verfassungsordnung geben können – oder wollen; wieviel weniger einer neuzuschaffenden Staatengemeinschaft! Die staatsmännische Phantasie, die dazu gehört hätte, hatte Hitler nun einmal nicht, und – merkwürdig zu sagen – das Schicksal der Länder und Völker, das jetzt in seine Hand gelegt war, interessierte ihn auch nicht. Sie waren für ihn nur Hilfsvölker, Rohstofflieferanten und Aufmarschgebiete für weitere Unternehmungen.

Er hatte auch nicht die Geduld, die dazu gehört hätte, sein neues Großreich zu organisieren – was ja in der Tat eine Lebensaufgabe gewesen wäre. Er hatte spätestens seit 1925 weit Größeres im Sinn: die Eroberung und Unterwerfung Rußlands mit vorbereitender Ausschaltung Frankreichs; und er wollte, wie wir bereits gesehen haben, alles, was ihm vorschwebte, zu seinen Lebzeiten schaffen. Er hatte keine Zeit. Im April 1939 wurde er fünfzig, und wir erinnern an seinen bereits zitierten Ausspruch: »Ich will den Krieg lieber mit fünfzig haben, als wenn ich fünfundfünfzig bin oder sechzig.« Er hatte den Krieg ja eigentlich sogar schon vor 1938 haben wollen – auch dieses Eingeständnis haben wir bereits in anderem Zusammenhang zitiert. Das Münchener Abkommen, in dem Freund und Feind mit Recht einen märchenhaften Triumph Hitlers sahen, empfand er selbst geradezu als Niederlage: Es war nicht nach seinem Willen gegangen, er hatte aus der Hand Englands und Frankreichs entgegennehmen müssen, was er lieber mit Gewalt genommen hätte, und er hatte Zeit verloren. So erzwang er 1939 den

Krieg, der ihm 1938 entgangen war: Durch die völlig überflüssige militärische Besetzung und weitere Aufteilung der wehrlosen und windelweichen Rumpftschechoslowakei zerstörte er die Geschäftsgrundlage des Münchener Abkommens, und als England und Frankreich daraufhin ein Bündnis mit Polen schlossen oder erneuerten, brach er mit einem gewissen »Nun gerade« den Krieg mit Polen vom Zaun und provozierte damit die Kriegserklärung Englands und Frankreichs.

Die Kriegserklärung – noch nicht eigentlich den Krieg. Für eine aktive Kriegführung gegen Deutschland waren England und Frankreich 1939 weder materiell noch psychologisch gerüstet; sie überließen es Hitler, seinerseits Krieg gegen sie zu führen. Darauf war er vorbereitet, was Frankreich, *nicht* vorbereitet, was England betraf. Frankreichs »Vernichtung« hatte ja in Hitlers Plänen immer als Vorspiel zum eigentlichen Lebensraumkrieg gegen Rußland figuriert. Und der Frankreichfeldzug von 1940 wurde denn auch sein größter Erfolg.

England dagegen war als Verbündeter, mindestens als wohlwollender Neutraler, eingeplant gewesen. Vorbereitungen für eine Invasion Englands oder für einen ozeanischen See- und Blockadekrieg gegen England hatte Hitler nicht getroffen. Vor einer improvisierten Invasion schreckte er zurück – angesichts der englischen See- und Luftüberlegenheit wohl mit Recht. Bombenterror erwies sich als ein schlechtes Mittel, England den Krieg zu verleiden; er bewirkte eher das Gegenteil. So behielt Hitler seit dem Sommer 1940 den ungewollten Krieg mit England unentschieden am Hals – ein erstes Zeichen, daß seine Politik von 1938/39 fehlerhaft gewesen war.

Aber dafür hatte er ja Frankreich besiegt, was ihm in ganz Europa einen Unwiderstehlichkeitsnimbus gab, und überdies den ganzen westlichen Kontinent vom Nordkap bis zu den Pyrenäen militärisch besetzt. Und damit bot sich ihm nun noch einmal, und jetzt für das ganze kontinentale Europa, die Chance, die ihm das Münchener Abkommen nur für Osteuropa geboten hatte: die Chance, Europa eine »neue Ordnung« und der deutschen Vorherrschaft in Europa Dauer zu geben. Sie bot sich nicht nur, sie drängte sich diesmal geradezu auf: Denn jetzt war ja Krieg geführt worden, und ein siegreich geführter Krieg verlangt, wenn er nicht umsonst geführt worden sein soll, einen Friedensschluß. Und noch mehr: Frankreich selbst zeigte sich mehr als friedensbereit, einige seiner jetzt regierenden Politiker waren sogar bündnisbereit. Was sie ausdrücklich anboten, tauften sie »Zusammenarbeit« – »Collaboration«, ein überaus dehnbarer Begriff. Wenn Hitler nur gewollt hätte, hätte er im Sommer 1940 einen Frieden mit Frankreich jederzeit haben können, und wenn dieser Frieden einigermaßen generös ausgefallen wäre, hätte er ohne Zweifel alle die kleineren westeuropäischen Länder, die Hitler mit Krieg überzogen hatte, ebenfalls friedenshungrig gemacht. Ein Friedensschluß mit Frankreich, und danach ein möglichst gemeinsam mit Frankreich einberufener europäischer Friedenskongreß, aus dem eine Art europäischer Staatenbund, mindestens eine Verteidigungs- und Wirtschaftsgemeinschaft hätte hervorgehen können: das alles lag im Sommer 1940 für einen deutschen Staatsmann in Hitlers Position in Reichweite. Es wäre im übrigen auch das aussichtsreichste Mittel gewesen, England psychologisch zu entwaffnen und den Krieg mit England zum Absterben zu bringen. Denn wofür hätte England noch kämpfen sollen, wenn die Länder, um derentwillen es Hitler den Krieg erklärt hatte, ihren eigenen Frieden mit Hitler machten? Und was hätte es gegen ein vereintes und vereint um Deutschland geschartes Europa ausrichten können?

Das Bemerkenswerte ist, daß diese Möglichkeiten in Hitlers Gedankengängen und Planungsentwürfen in den zwölf Monaten von Juni 1940 bis Juni 1941 nachweislich nicht die geringste Rolle gespielt haben. Er zog sie nicht einmal in Erwägung, um sie dann zu verwerfen; sondern der Gedanke einer solchen Politik kam ihm überhaupt nicht. Wem er nach dem siegreichen Frankreichfeldzug Frieden anbot, das war nicht das besiegte Frankreich, sondern das unbesiegte England – ein vollkommen paradoxes Verhalten, wenn man es sich einmal einen Augenblick überlegt. England hatte gerade erst Krieg erklärt, hatte gerade erst begonnen, seine Kräfte und Reserven zu mobilisieren, konnte das in aller Ruhe tun, da seine See- und Luftstreitkräfte es vor Invasion sicherten, sah keinen

seiner Kriegsgründe beseitigt, im Gegenteil die Kriegsgründe durch Hitlers neue Angriffskriege und seine Besetzung Norwegens und Dänemarks, Hollands, Belgiens und
Luxemburgs noch vermehrt – warum sollte es Frieden
schließen? Friedensbereit ist der Besiegte, nicht der Unbesiegte.

Kriege werden geführt, um den Gegner durch militärischen Sieg friedensbereit zu machen, und wenn man von
dieser Friedensbereitschaft keinen Gebrauch macht, hat
man den militärischen Sieg verschenkt. Hitler verschenkte
seinen Sieg über das besiegte und friedensbereite Frankreich und richtete statt dessen ein Friedensangebot an das
unbesiegte und keineswegs friedensbereite England, ohne
im übrigen auch nur irgendwelche Zugeständnisse in den
Streitpunkten anzudeuten, die zum Krieg mit England
geführt hatten. Das war ein unbegreiflicher politischer
Elementarfehler. Daß er zugleich mit seinem Sieg über
Frankreich auch noch die nie wiederkehrende Chance
verschenkte, Europa zu einigen und ihm durch solche
Einigung Deutschlands Vorherrschaft annehmbar zu machen, vergrößerte diesen Fehler ins Riesenhafte. Es ist
merkwürdig, daß dieser Riesenfehler in der Hitler-Litera-
tur auch heute noch kaum gesehen wird.

Freilich kann man sich Hitler als generösen Sieger und
weitblickenden, geduldigen Friedensmacher auch wieder
nicht vorstellen. In seiner letzten Rundfunkrede, am 30.
Januar 1945, bezeichnete er sich selbst als einen Mann,
»der immer nur eins gekannt hat: schlagen, schlagen und
nochmals schlagen« – eine Selbstcharakterisierung, die als
Selbstlob gemeint war, aber in Wirklichkeit eine Selbstbe-
zichtigung darstellt; vielleicht sogar eine übertriebene.
Hitler konnte nicht nur gewalttätig, er konnte auch listig
sein. Aber die Weisheit des Cromwellschen Ausspruchs,
daß man nicht wirklich besitzt, was man nur durch Gewalt
besitzt, war ihm allerdings nie aufgegangen; ein Friedensmacher war er nicht, dieses Talent fehlte ihm. Das ist
vielleicht der Grund, warum die ungeheure Chance, die er
sich im Sommer 1940 entgehen ließ, in den meisten
Darstellungen Hitlers und des Zweiten Weltkrieges kaum
zu ihrem Recht kommt. Es ist aber zugleich ein Grund, den
Film gerade im Sommer 1940 einen Augenblick anzuhal-

ten, wenn man Hitlers Stärken und Schwächen richtig beurteilen will: Niemals sonst sieht man diese Stärken und Schwächen so vollzählig gleichzeitig im Bilde.

Hitler hatte ja die Chance, die er wegwarf, immerhin selbst herbeigeführt. Er hatte sich ohne Zweifel als ein Ausbund an Willenskraft, Energie und Leistungsstärke erwiesen. Er hatte alle die nicht verächtlichen politischen Talente spielen lassen, die er besaß: vor allem eine untrügliche Witterung für verborgene Schwächen eines Gegners, und eine Fähigkeit, solche Schwächen »eiskalt« auszunutzen und dabei »blitzschnell« zu schalten (»eiskalt« und »blitzschnell« waren Lieblingsausdrücke Hitlers). Obendrein besaß er, wie er ebenfalls in diesem historischen Augenblick bewiesen hatte, eine durchaus seltene Kombination politischer und militärischer Talente. Was ihm indessen vollkommen abging, war die konstruktive Phantasie des Staatsmanns, die Fähigkeit, Dauerndes zu bauen. Deswegen konnte er einen Friedensvertrag nicht zustande bringen – ebensowenig wie vorher eine Verfassung im Inneren (Friedensverträge sind ja für die Staatengemeinschaft dasselbe, was Verfassungen für den Staat sind). Daran hinderte ihn auch seine Festlegungsscheu und seine Ungeduld, die beide mit seiner Selbstbewunderung zusammenhingen: Da er sich für unfehlbar hielt und seiner »Intuition« blindlings vertraute, konnte er keine Institutionen schaffen, die ihr Fesseln angelegt hätten; und da er sich für unersetzlich hielt und sein ganzes Programm unbedingt bei seinen Lebzeiten verwirklichen wollte, konnte er nichts pflanzen, was Zeit zum Wachsen braucht, konnte nichts seinen Nachfolgern überlassen, nicht einmal für Nachfolger sorgen (der Gedanke an Nachfolger war ihm immer merkwürdig unangenehm).

Soweit sind es Charakterfehler und Begabungsmängel, die sich in schwerwiegenden Unterlassungsfehlern niederschlugen. Daneben sind für die folgenschweren Versäumnisse des Jahres 1940 aber auch Denkfehler des »Programmatikers« Hitler verantwortlich, die wir schon in dem Kapitel »Irrtümer« behandelt haben.

Für den politischen Denker Hitler war Krieg der Normal-, Friede der Ausnahmezustand. Er sah, daß Friede oft der Kriegsvorbereitung dienen kann. Was er nicht sah, war, daß Krieg immer einem Friedensschluß dienen muß. Der siegreiche Krieg, nicht der errungene Friede war für Hitler der Endzweck aller Politik. Er selber hatte sechs Jahre lang unter Friedensbeteuerungen den Krieg vorbereitet: Nun, da er ihn endlich hatte, konnte er ihn nicht so schnell fahren lassen. Gelegentlich sprach er das geradezu aus: Wenn er nach den siegreichen Kriegen gegen Polen und Frankreich einen Zwischenzustand des Friedens eintreten lasse, sagte er, werde es nicht so leicht sein, Deutschland zu einem neuen Krieg gegen Rußland »hochzubringen«.

Noch aus einem anderen Grunde war Hitler dem Gedanken eines Friedens gerade mit Frankreich unzugänglich. In seinem politischen Denken bedeutete, wie wir im vorigen Kapitel gesehen haben, der Sieg des Stärkeren immer »die Vernichtung des Schwachen oder seine bedingungslose Unterwerfung«. Gerade im Zusammenhang mit Frankreich taucht in »Mein Kampf« das Wort »Vernichtung« mit einer gewissen Selbstverständlichkeit auf. »Das ewige an sich so unfruchtbare Ringen zwischen uns und Frankreich« heißt es da, werde nur sinnvoll »unter der Voraussetzung, daß Deutschland in der Vernichtung Frankreichs wirklich nur ein Mittel sieht, um danach unserem Volke endlich an anderer Stelle die mögliche Ausdehnung geben zu können.« Unter den Umständen des Sommers 1940, als Hitler noch auf ein Einlenken Englands hoffte, verbot sich nun freilich in Frankreich eine Vernichtungspolitik, wie Hitler sie in Polen bereits betrieb und in Rußland im folgenden Jahr einleiten sollte. Aber ein anderes Kriegsziel als Vernichtung konnte sich Hitler gerade für Frankreich offenbar nicht vorstellen, und daher verbot sich für sein Denken erst recht ein Friede mit Frankreich, der, um nützlich zu sein, ein Versöhnungs-, ja geradezu ein Vereinigungsfriede hätte sein müssen. Der Vernichtungsgedanke war nicht aufgegeben; nur seine Verwirklichung war vertagt – oder wenigstens offen gelassen. Zum mindesten wollte sich Hitler in dieser Hinsicht nichts verbauen.

Auf merkwürdige Weise verbinden sich hier zwei Züge Hitlers, die sich beim ersten Hinsehen zu widersprechen scheinen: seine Festlegungsscheu und sein programmatischer Starrsinn. Beides zusammen machte ihn bis zu einem gewissen Grade realitätsblind. Er sah unverhoffte, unprogrammierte Chancen ebensowenig wie programmwidrige Gefahren. Darin unterschied er sich von Stalin, mit dem er sonst viele Eigenschaften gemein hatte (auch die Grausamkeit, die uns im folgenden Kapitel beschäftigen muß): Stalin behielt immer einen wachsamen Blick für die ihn umgebenden Realitäten; Hitler traute sich zu, Berge zu versetzen.

Das alles zeigt sich nirgends deutlicher als in dem Jahr zwischen Juni 1940 und Juni 1941, in dem Hitler sein Schicksal, ohne es zu wissen, entschied. Daß er alles Erreichbare erreicht hatte, sah er nicht. Daß der kontinentaleuropäische Friede, der jetzt fällig war, auch den Kriegswillen England hätte aushungern müssen, interessierte ihn nicht. Im Grunde genommen interessierte ihn der ganze Krieg mit England nicht: Er war ja nicht eingeplant gewesen, er paßte nicht in das Hitlersche Weltbild. Daß hinter England Amerika bedrohlich näherrückte, nahm Hitler lange Zeit nicht ernst. Er vertraute auf Amerikas Rüstungsrückstand, auf die innere Uneinigkeit zwischen Interventionisten und Isolationisten und im schlimmsten Fall auf die Ablenkung Amerikas durch Japan. In seinem eigenen Aktionsprogramm kam Amerika nicht vor. Dieses Programm erforderte vielmehr nach dem Vorbereitungskrieg gegen Frankreich, der ihm den Rücken freimachen sollte – und der jetzt abgehakt war, obwohl kein Friedensschluß ihn beendet hatte –, den großen Hauptkrieg, den »Lebensraum-Krieg« gegen Rußland. Und für diesen Krieg entschied sich Hitler schließlich nach einigem Hin und Her, obwohl in Hitlers Programm ja eigentlich England im deutsch-russischen Krieg nicht als Feind, sondern als Bundesgenosse oder wohlwollend neutraler Zuschauer vorgesehen war; und obwohl in dem nun anhängigen programmwidrigen Krieg mit England Rußland als blockadebrechender Rohstoff- und Lebensmittellieferant ja eigentlich unentbehrlich war und sich dabei auch loyal bewährte. Über das zweite setzte sich Hitler mit der Erwägung hinweg, daß ein erobertes Rußland ein noch zuverlässigerer Rohstoff- und Lebensmittellieferant sein würde als ein wohlwollend neutrales; und was England betraf, so überredete er sich, daß England den Krieg als aussichtslos aufgeben würde, wenn die Hoffnung auf Rußland als zukünftigen Verbündeten wegfiele – ohne davon Kenntnis zu nehmen, daß Rußland einer solchen englischen Hoffnung nicht die geringste Nahrung gab, und daß England sichtlich keineswegs auf Rußland, sondern auf Amerika als zukünftigen Verbündeten baute.

Diese Rationalisierungsversuche Hitlers darf man nicht zu ernst nehmen. Der Angriff auf Rußland erfolgte nicht *wegen*, sondern *trotz* des andauernden Krieges gegen England; und er erfolgte auch nicht wegen der Reibereien mit Rußland, die sich in der zweiten Jahreshälfte 1940 ergeben hatten und im Sommer 1941 schon wieder beigelegt waren; sondern weil Rußland auf Hitlers innerer Landkarte immer als deutscher Lebensraum vorgemerkt war und weil in Hitlers Zeitplan jetzt, nach dem Sieg über Frankreich, der Augenblick gekommen war, dieses Hauptstück eines Eroberungsrepertoires in Szene zu setzen. Schon im Juli 1940 hatte Hitler seinen Generalen gegenüber den Vorsatz zu erkennen gegeben, der dann am 18. Dezember 1940 zum festen Beschluß erhoben und am 22. Juni 1941 in die Wirklichkeit umgesetzt wurde.

Daß Hitlers unprovozierter Überfall auf Rußland ein Fehler – und zwar ein schon für sich allein kriegsentscheidender Fehler – war, liegt heute vor aller Augen. Die Frage ist höchstens, ob der Fehler auch damals als solcher erkennbar war. Rußland wurde 1941 allgemein unterschätzt – auch der britische und amerikanische Generalstab rechneten mit einer schnellen russischen Niederlage –, und Rußland hatte, durch seine schwache Selbstdarstellung im Winterkrieg mit Finnland 1939, einigen Anlaß dazu gegeben. Die imponierenden Anfangserfolge des Feldzugs von 1941 schienen Hitlers geringe Einschätzung der russischen Widerstandskraft zu bestätigen. Ob er mit einer anderen Strategie Moskau hätte nehmen können, ist heute noch umstritten. Viel fehlte jedenfalls nicht daran.

Aber auch der Fall Moskaus hätte ja, bei Rußlands gewaltigen Menschen- und Raumreserven, den Krieg nicht beendet – 1941 ebensowenig wie 1812. Wie sollte ein Krieg gegen Rußland angesichts dieser Menschen- und Raumreserven überhaupt zu beenden sein? Diese Frage hatte sich Hitler merkwürdigerweise, wie man jetzt weiß, nie ernsthaft gestellt. Wie vorher im Falle Frankreichs dachte er über den militärischen Sieg nicht hinaus. Sein Kriegsplan sah auch im Falle eines militärischen Sieges zunächst nur einen Vormarsch bis zur Linie Archangelsk–Astrachan vor; das heißt, er hätte selbst dann eine riesige Ostfront behalten – bei fortdauerndem Krieg mit England und drohendem Krieg mit Amerika.

Schon jetzt fesselten im übrigen der Krieg gegen England und die Niederhaltung des besetzten, aber nicht befriedeten Kontinents ein Viertel des deutschen Heeres, ein Drittel der Luftwaffe und die ganze Flotte, samt den entsprechenden Zulieferindustrien. Auch setzte dieser nicht beendete Westkrieg dem Ostkrieg eine strenge Zeitbegrenzung: England, bei Kriegsbeginn mit seiner Aufrüstung Jahre hinter Deutschland zurück, wurde fortgesetzt stärker, von Amerika nicht zu reden; in zwei, spätestens drei Jahren würden beide in Europa offensiv werden können. Alles Gründe, die einen verantwortlichen Staatsführer denn doch hätten zögern lassen müssen, unter den Umständen von 1941 einen russischen Krieg anzufangen, zu dem ihn niemand zwang. Aber Hitler war nur sich selbst verantwortlich, und seine Intuition sagte ihm unverändert und unüberprüft seit fünfzehn Jahren, als er dieses Urteil in »Mein Kampf« niedergelegt hatte, »das Riesenreich im Osten« sei »reif zum Zusammenbruch«. Er traute ihr so blindlings, daß er nicht einmal für eine Winterausstattung des deutschen Heeres sorgte; so sicher war er, daß der Feldzug, der am 22. Juni begonnen hatte, vor dem Winter siegreich beendet sein würde. Der Wintereinbruch brachte dann bekanntlich statt dessen, vor Moskau, die erste schwere deutsche Niederlage. Und das Kriegstagebuch des Wehrmachtführungsstabes sagt dazu: »Als die Katastrophe des Winters 1941/42 hereinbrach, wurde dem Führer ... klar, daß von diesem Kulminationspunkt ... an kein Sieg mehr errungen werden konnte.« Das war am 6. Dezember 1941. Am 11. Dezember erklärte Hitler auch Amerika den Krieg.

Das ist der krönende und, gerade wegen seiner in die Augen springenden Offensichtlichkeit, immer noch unerklärteste der Fehler, mit denen Hitler sich im Jahre 1941 das eigene Grab grub. Es ist, als ob er aus der Erkenntnis, daß mit dem Scheitern seines Blitzkriegs gegen Rußland der Sieg unmöglich geworden war, die Folgerung gezogen hätte, dann eben die Niederlage zu wollen – und sie so vollständig und katastrophal wie möglich zu machen. Denn daß die Niederlage unvermeidlich wurde, wenn zu den unbesiegten Gegnern England und Rußland noch die auch damals schon stärkste Macht der Erde hinzukam, kann Hitler unmöglich entgangen sein.

Es gibt bis heute keine rational einleuchtende Erklärung für diesen – man ist versucht zu sagen: Wahnsinnsakt Hitlers. Man bedenke: Die Kriegserklärung war ja praktisch eine reine Einladung an Amerika, seinerseits Krieg gegen Deutschland zu führen. Denn für eine aktive Kriegführung Deutschlands gegen Amerika besaß Hitler keinerlei Mittel, nicht einmal Fernbomber, die Amerika den einen oder anderen Nadelstich hätten versetzen können. Und mit dieser Einladung zum Krieg tat Hitler dem amerikanischen Präsidenten Roosevelt den größten Gefallen; denn seit mehr als einem Jahr hatte Roosevelt, mit seiner immer offeneren Unterstützung Englands und zum Schluß mit klaren Kriegsakten im Atlantik, Hitler zum Krieg zu provozieren versucht – einem Krieg, den Roosevelt, als einziger unter allen Gegnern Hitlers, ohne jeden Zweifel wollte, weil er ihn für notwendig hielt, den er aber angesichts der Widerstände im eigenen Lande nicht selbst anfangen konnte. Hitler hatte sich – vernünftigerweise – mehr als ein Jahr lang durch nichts provozieren lassen, im Gegenteil alles versucht, Amerika durch eine Drohhaltung Japans, die er ermutigte und bestärkte, von einer Teilnahme am europäischen Krieg abzulenken. Und gerade jetzt hatte diese Ablenkungspolitik ihren größten Erfolg gehabt: am 7. Dezember hatte Japan mit dem Überfall auf die amerikanische Pazifikflotte in Pearl Harbour seinerseits einen Krieg gegen Amerika begonnen. Wenn Deutschland weiter stillhielt – wie hätte Roosevelt sein von Japan schwer herausgefordertes Land statt gegen Japan gegen Deutschland in Marsch setzen sollen – ein Deutschland, das ihm nichts getan hatte? Wie hätte er das dem amerikanischen Volk erklären sollen? Durch seine Kriegserklärung nahm Hitler ihm diese Arbeit ab.

Aus Nibelungentreue zu Japan? Davon kann nicht ernstlich die Rede sein. Es gab keine Verpflichtung Deutschlands zur Teilnahme an einem Kriege, den Japan auf eigene Rechnung begann – ebensowenig wie umgekehrt. Der deutsch-japanisch-italienische Dreierpakt vom September 1940 war ein reines Defensivbündnis. Dementsprechend hatte auch Japan an dem deutschen Angriffskrieg gegen Rußland nicht teilgenommen. Im Gegenteil: Als im April 1941 der deutsche Aufmarsch gegen Rußland unübersehbar wurde, hatte Japan mit Rußland ein Neutralitätsabkommen getroffen, das es auch korrekt einhielt; und es waren sibirische Truppen gewesen, von der russisch-japanischen Militärgrenze in der Mandschurei abgezogen, die die deutsche Moskauoffensive zum Stehen gebracht hatten. Hitler wäre nicht nur juristisch, sondern auch moralisch vollkommen im Recht gewesen, Japans Krieg gegen Amerika als die willkommene Ablenkungs- und Entlastungsoperation zu behandeln, die er für Deutschland hätte sein können, und ihm ebenso kaltlächelnd zuzuschauen, wie Japan dem deutschen Krieg gegen Rußland zuschaute – zumal er ja auch gar nichts tun konnte, um Japan irgendwelchen aktiven Beistand zu leisten. Und daß er nicht der Mann war, seine Politik durch sentimentale Anhänglichkeitsgefühle beeinflussen zu lassen, schon gar nicht gegenüber Japan, braucht wohl nicht gesagt zu werden.

Nein, was Hitler veranlaßte, den Eintritt Amerikas in den deutschen Krieg, den er bisher nach Kräften hintangehalten hatte, nun selbst herbeizuführen, war nicht der japanische Angriff auf Pearl Harbour, sondern die erfolgreiche russische Gegenoffensive vor Moskau, die bezeugtermaßen Hitler die intuitive Erkenntnis vermittelt hatte, »daß kein Sieg mehr errungen werden konnte«. Soviel läßt sich mit einiger Sicherheit sagen. Aber erklärt ist Hitlers Schritt damit nicht. Selbst als Verzweiflungshandlung beobachtet, macht die Kriegserklärung an Amerika keinen rechten Sinn.

War diese Kriegserklärung ein verkleideter Hilferuf? Im Dezember 1941 stellte sich ja nicht nur das heraus, was sich dann im weiteren Kriegsverlauf bestätigt hat: daß Rußland mit seinen mehr als zweihundert Millionen ganz einfach stärker war als Deutschland mit seinen achtzig, und daß diese überlegene Stärke sich auf die Dauer durchsetzen mußte. Die Dezemberereignisse schienen auch etwas anzukündigen, was dann zunächst noch einmal (nicht zuletzt durch Hitlers Willenskraft) vermieden wurde: eine sofortige napoleonische Katastrophe unter der Doppelwirkung der russischen Offensive und des russischen Winters. Angesichts dieser Möglichkeit könnte man sich vorstellen, daß Hitler eine anglo-amerikanische Westinvasion jetzt geradezu herbeirufen wollte, um wenigstens nicht gegen Rußland, sondern gegen die Westmächte zu verlieren, von denen ein besiegtes Deutschland eine mildere Behandlung erhoffen konnte. Aber dagegen spricht, daß drei Jahre später, als es wirklich so weit war, daß Deutschland nur noch die Wahl hatte, ob es den Todesstreich lieber im Westen oder im Osten empfangen wollte, Hitler die umgekehrte Wahl traf – worüber noch zu reden sein wird, unter der Überschrift »Verrat«. Dagegen spricht auch, daß Hitler den amerikanischen Mobilisierungs- und Rüstungsrückstand genau kannte: Im Winter 1941/42 waren die Westmächte beim besten Willen noch nicht invasionsfähig, die Amerikaner noch weniger als die Engländer. Oder hoffte Hitler, durch die Schaffung einer amerikanisch-englisch-russischen Koalition, die ja nur eine sehr unnatürliche Koalition sein konnte, unter seinen Feinden Zwietracht zu säen? Glaubte er insbesondere, daß gerade Amerika mit Rußland sehr bald in Streit geraten mußte, den er dann ausnutzen könnte, um den Kopf aus der Schlinge zu ziehen? Das wäre in einer Lage, in der »ein Sieg nicht mehr zu erringen war« eine zwar spekulative, aber durchaus nicht ganz unrealistische Erwägung gewesen. Rußland und England/Amerika hatten ja tatsächlich im späteren Kriegsverlauf mehrmals sehr ernsthaften Streit miteinander, in den Jahren 1942 und 1943 über die »Zweite Front in Europa«, in den Jahren 1943 und 1944 über Polen, und schließlich 1945 über Deutschland (wobei allerdings das England Churchills der viel hartnäckigere Streiter war als das Amerika Roosevelts). Das, woraus später der »Kalte Krieg« wurde, bereitete sich durchaus schon während des Zweiten Weltkriegs vor, und es gehörte selbst 1941 keine Sehergabe

dazu, mit einer solchen Entwicklung zu rechnen. Nur daß
Hitler, als sie dann eintrat, nicht das geringste unternahm,
sie auszunutzen. Einen Sonderfrieden mit Rußland auf
Status-quo-Basis, der 1942 und sogar noch 1943 vielleicht
zu haben gewesen wäre (als die Russen allein, aus tausend
Wunden blutend, fast die ganze Last des Krieges trugen
und vergeblich nach einer »Zweiten Front in Europa«
schrien), wies Hitler immer weit von sich; die Möglichkeit
eines Friedens mit dem Westen aber verscherzte er sich
durch die ungeheuren Verbrechen gerade der Jahre nach
1941.

Man ist bei der Suche nach Motiven für Hitlers unerklärliche Kriegserklärung an Amerika auf Vermutungen angewiesen, denn er selbst hat seine Motive nicht offenbart.
Diese Kriegserklärung ist nicht nur der unbegreiflichste
der Fehler, mit denen er in den Jahren 1940 und 1941
einen fast schon vollständigen Sieg in eine unvermeidliche
Niederlage verwandelte; sie ist auch der einsamste seiner
einsamen Entschlüsse. Er hat, ehe er sie vor einer zu
diesem Zweck einberufenen Reichstagssitzung ansprach,
mit keinem Menschen darüber gesprochen: nicht mit den
Generalen seiner militärischen Umgebung, mit denen er
seit Beginn des Rußlandkriegs den Hauptteil seiner Tage
verbrachte; nicht mit seinem Außenminister; erst recht
nicht mit seinem Regierungskabinett, das er schon seit
1938 niemals mehr versammelt hatte. Aber vor zwei
ausländischen Besuchern, dem dänischen Außenminister
Scavenius und dem kroatischen Außenminister Lorko-
witsch, hatte er schon am 27. November – als die russische
Gegenoffensive noch nicht einmal eingesetzt hatte, sondern nur die deutsche Offensive auf Moskau zum Stehen
gebracht worden war – seltsame Reden geführt, die aufge-
zeichnet worden sind. »Ich bin auch hier eiskalt«, hatte er
gesagt. »Wenn das deutsche Volk einmal nicht mehr stark
und opferbereit genug ist, sein eigenes Blut für seine
Existenz einzusetzen, so soll es vergehen und von einer
anderen, stärkeren Macht vernichtet werden ... Ich werde
dann dem deutschen Volk keine Träne nachweinen.«
Unheimliche Worte. 1945 gab ja Hitler tatsächlich den
Befehl, alles, was in Deutschland noch stand, in die Luft zu
sprengen und dem deutschen Volk jede Überlebensmög-

lichkeit zu nehmen – es also durch Vernichtung dafür zu bestrafen, daß es sich zur Welteroberung unfähig gezeigt hatte. Schon jetzt, bei der ersten Niederlage, taucht dieser Verratsgedanke plötzlich auf. Und er entspricht einem Charakterzug Hitlers, den wir schon kennen: seiner Neigung, radikalste Konsequenzen zu ziehen – und zwar »eiskalt« und »blitzschnell«. War die Kriegserklärung an Amerika das erste Anzeichen dafür, daß Hitler innerlich umgeschaltet hatte? Hatte er schon jetzt beschlossen, wenn er nicht als der größte Eroberer und Triumphator in die Geschichte eingehen konnte, wenigstens der Architekt der größten Katastrophe zu werden?

Sicher ist eins: Hitler hat mit der Kriegserklärung an Amerika die Niederlage, die sich mit der Entscheidung vor Moskau ankündigte, besiegelt; und er hat von 1942 an nichts mehr getan, sie abzuwenden. Er hat keine neuen Initiativen mehr entfaltet, weder politisch noch militärisch. Der Einfallsreichtum, den man ihm in den vorangehenden Jahren nicht absprechen kann, ist von 1942 an wie weggeblasen. Politische Chancen, die sich durchaus noch bieten, aus dem verlorenen Krieg irgendwie herauszukommen, bleiben unbeachtet – sogar militärische Chancen, das Kriegsglück vielleicht doch noch zu wenden, wie Rommels überraschende Siege in Afrika im Sommer 1942. Es ist, als ob sich Hitler für den Sieg nicht mehr interessiert, sondern nur noch für etwas anderes.

Bemerkenswert auch, daß Hitler sich in diesen Jahren mehr und mehr verkriecht. Man sieht und hört ihn nicht mehr. Kein Kontakt mehr mit den Massen, keine Frontbesuche, kein Blick auf die Städte unter dem Bombenkrieg, kaum mehr eine öffentliche Rede. Hitler lebt nur noch in seinem militärischen Hauptquartier. Dort allerdings regiert er noch, absolut wie eh und je, entläßt und ersetzt Generale am laufenden Band und fällt alle militärischen Entscheidungen selbst – oft seltsame Entscheidungen, wie die Aufopferung der Sechsten Armee in Stalingrad. Seine Strategie in diesen Jahren ist stur, einfallslos, sein einziges Rezept: »Halten um jeden Preis«. Der Preis wird gezahlt, gehalten wird trotzdem nicht. Die eroberten Gebiete gehen Stück für Stück verloren, seit Ende 1942 im Osten, seit 1944 auch im Westen. Hitler reagiert nicht darauf; er führt einen langgezogenen Hinhaltekampf – offensichtlich nicht mehr um Sieg, sondern um Zeit. Merkwürdig: Vorher hatte er nie Zeit gehabt. Jetzt kämpft er um Zeit.

Aber er kämpft noch, und Zeit braucht er noch. Wofür? Hitler hat immer zwei Ziele gehabt: Die Herrschaft Deutschlands über Europa und die Ausrottung der Juden. Das erste hat er verfehlt. Jetzt konzentriert er sich auf das zweite. Während die deutschen Armeen ihren langen, opferreichen und vergeblichen Verzögerungskampf führen, rollen Tag für Tag Züge mit Menschenfracht in die Vernichtungslager. Im Januar 1942 ist die »Endlösung der Judenfrage« angeordnet worden.

In den Jahren bis 1941 hatte Hitler die Welt durch seine politischen und militärischen Taten in Atem gehalten. Damit ist es vorbei. Womit er der Welt jetzt den Atem raubt, das sind seine Verbrechen.

VERBRECHEN

Ohne Zweifel ist Hitler eine Figur der politischen Weltgeschichte; aber ebenso zweifellos gehört er auch in die
Kriminalchronik. Er hat, allerdings erfolglos, versucht,
durch Eroberungskriege ein Weltreich zu gründen. Bei
solchen Unternehmungen wird immer viel Blut vergossen;
trotzdem wird niemand die großen Eroberer, von Alexander bis Napoleon, schlechthin als Verbrecher bezeichnen.
Hitler ist nicht deswegen ein Verbrecher, weil er ihnen
nachgeeifert hat.
Sondern aus einem ganz anderen Grunde. Hitler hat
zahllose harmlose Menschen umbringen lassen, zu keinem
militärischen oder politischen Zweck, sondern zu seiner
persönlichen Befriedigung. Insoweit gehört er nicht mit
Alexander und Napoleon zusammen, sondern etwa mit
dem Frauenvertilger Kürten und dem Knabenvertilger
Haarmann, nur mit dem Unterschied, daß er fabrikmäßig
betrieb, was sie handwerklich verübten, so daß seine Opfer
nicht nach Dutzenden oder Hunderten zählen, sondern
nach Millionen. Er war ganz einfach auch ein Massenmörder.
Wir gebrauchen das Wort in seiner präzisen, kriminolo-
gischen Bedeutung, nicht etwa in dem rhetorisch-pole-
mischen Sinn, in dem es manchmal Staatsmännern und
Generalen, die ihre Feinde oder ihre Soldaten in den Tod
schicken, entgegengeschleudert wird. Staatsmänner (und
Generale) sind zu allen Zeiten und in allen Ländern in die
Lage gekommen, töten zu lassen – im Krieg, im Bürgerkrieg, in Staatskrisen und Revolutionszeiten. Das macht
sie nicht zu Verbrechern. Allerdings haben die Völker
immer ein feines Gefühl dafür gehabt, ob ihre Herrscher
dabei nur der Not gehorchten oder sich eine heimliche
Lust bereiteten. Der Ruf der *grausamen* Herrscher ist
immer befleckt geblieben, auch wenn sie sonst tüchtige
Herrscher waren. Das gilt zum Beispiel für Stalin. Hitler
war unter anderm auch ein grausamer Herrscher und
damit übrigens in der deutschen Geschichte eher eine

Ausnahmeerscheinung. Vor Hitler findet man grausame Herrscher in Deutschland viel seltener als etwa in Rußland und Frankreich. Aber nicht davon ist hier die Rede. Hitler war nicht nur als Herrscher und als Eroberer grausam. Das Besondere an Hitler ist, daß er auch dann morden ließ, und zwar in einem unvorstellbaren Ausmaß, wenn ihm die Staatsräson nicht den geringsten Grund oder auch nur einen Vorwand dafür bot. Ja, manchmal waren seine Massenmorde seinem politisch-militärischen Interesse geradezu entgegen. Den Krieg gegen Rußland zum Beispiel, der militärisch, wie wir jetzt wissen, nicht zu gewinnen war, hätte er politisch vielleicht gewinnen können, wenn er als Befreier statt als Ausrotter aufgetreten wäre. Aber seine Mordlust war stärker als seine gewiß nicht geringe Fähigkeit zum politischen Kalkül.

Hitlers Massenmorde wurden im Krieg begangen, aber sie waren keine Kriegshandlungen. Vielmehr kann man sagen, daß er den Krieg zum Vorwand nahm, Massenmorde zu begehen, die mit Krieg nichts zu tun hatten, die ihm aber immer schon ein persönliches Bedürfnis gewesen waren. »Wenn an der Front die Besten fielen«, hatte er schon in »Mein Kampf« geschrieben, »dann konnte man zu Hause wenigstens das Ungeziefer vertilgen.« Die Vertilgung von Menschen, die für Hitler Ungeziefer waren, hatte mit dem Krieg nur insofern einen Zusammenhang, als der Krieg zu Hause die Aufmerksamkeit davon ablenkte. Im übrigen war sie für Hitler Selbstzweck, nicht etwa ein Mittel zum Sieg oder zur Abwendung der Niederlage.

Im Gegenteil, sie behinderte die Kriegführung, denn die Tausende von kriegstüchtigen SS-Leuten, die jahrelang damit beschäftigt waren – alles in allem das Äquivalent mehrerer Divisionen – fehlten an der Front, und die täglichen Massentransporte quer durch ganz Europa in die Vernichtungslager raubten der kämpfenden Truppe einen erheblichen Teil des knappen rollenden Materials, das sie dringend für ihren Nachschub brauchte. Außerdem machten die Mordaktionen, nachdem der Sieg nicht mehr errungen werden konnte, jeden Kompromißfrieden unmöglich, denn sie überzeugten in dem Maße, in dem sie bekannt wurden, die Staatsmänner zunächst des Westens, dann auch Rußlands, daß der Krieg nicht durch eine diplomatische Verhandlung *mit* Hitler, sondern nur durch eine Gerichtsverhandlung *über* Hitler sinnvoll beendet werden konnte. Das Kriegsziel der »Bestrafung der für diese Verbrechen Verantwortlichen«, im Januar 1942 von den westlichen Alliierten, im November 1943 schließlich auch von der Sowjetunion proklamiert, erforderte das weitere Kriegsziel der bedingungslosen Übergabe.

In den Jahren 1942 und 1945 war das Bewußtsein in der ganzen Welt lebendig, daß die Hitlerschen Massenmorde nicht einfach »Kriegsverbrechen« waren, sondern Verbrechen schlechthin, und zwar Verbrechen eines bis dahin unerhörten Ausmaßes, eine Zivilisationskatastrophe, die gewissermaßen dort anfing, wo die üblichen »Kriegsverbrechen« aufhörten. Leider wurde dieses Bewußtsein dann durch die Nürnberger »Kriegsverbrecherprozesse« – eine unglückliche Veranstaltung, an die sich heute niemand mehr gern erinnert – wieder verwischt.

Diese Siegerjustiz hatte viele Mängel: Der Hauptangeklagte fehlte, da er sich jeder irdischen Gerechtigkeit entzogen hatte; das Gesetz, nach dem geurteilt wurde, war rückwirkendes ad-hoc-Recht; vor allem aber: das eigentliche Hitlersche Verbrechen, also die fabrikmäßige Massenvertilgung von Polen, Russen, Juden, Zigeunern und Kranken, bildete nur ganz nebenbei einen Anklagepunkt, zusammengefaßt mit Zwangsarbeit und Deportation als »Verbrechen gegen die Menschlichkeit«, während die Hauptanklage auf »Verbrechen gegen den Frieden«, also Krieg als solchen, und eben auf »Kriegsverbrechen« lautete, definiert als »Verletzungen der Kriegsgesetze und -gebräuche«.

Solche Verletzungen hatte es natürlich, in mehr oder minder schwerer Form, auf allen Seiten gegeben, und Krieg geführt hatten auch die Siegermächte. Es war insofern leicht zu sagen, daß hier Schuldige über Schuldige richteten und daß in Wirklichkeit die Angeklagten dafür verurteilt wurden, daß sie einen Krieg verloren hatten. (Der britische Feldmarschall Montgomery sprach diesen Gedanken nach dem Prozeß öffentlich aus.) Nürnberg hat viel Verwirrung angerichtet. Bei den Deutschen – und zwar gerade *den* Deutschen, die am meisten Grund hatten, in sich zu gehen und sich zu schämen – hat es eine Aufrechnungsmentalität hervorgerufen, eine Haltung, die auf jeden Vorwurf ein »tu quoque« – »Und ihr vielleicht nicht?« – bereithält. Bei den Siegermächten, jedenfalls den westlichen, hat es einen Katzenjammer hinterlassen, der, besonders in England, die absurdesten Rechtfertigungsthesen für Hitler sprießen läßt. Man muß heute die wirklichen Verbrechen Hitlers, die vor fünfunddreißig Jahren den Menschen das Blut in den Adern erstarren ließen, erst wieder mühsam aus einem Wust von dem herausklauben, was man den normalen Schmutz des Kriegs nennen kann. Am besten fängt man mit einer Untersuchung dessen an, was unter Hitlers Übeltaten *nicht* zu diesen Verbrechen gehört – auf die Gefahr hin, daß manche Leser darin eine Mohrenwäsche Hitlers erblicken werden. Es ist das Gegenteil.

Beginnen wir mit dem »Verbrechen gegen den Frieden«. Im Nürnberger Prozeß wurde – zum ersten und bisher auch letzten Mal – der Krieg als solcher, jedenfalls der geplante und gewollte Angriffskrieg, zum Verbrechen erklärt. Es gab damals Stimmen, die in dem »Verbrechen gegen den Frieden« sogar den wichtigsten Anklagepunkt sahen, der im Grunde alle anderen schon einschloß, und die Kriminalisierung des Krieges als einen epochemachenden Menschheitsfortschritt begrüßten. Diese Stimmen sind heute ziemlich verstummt. Krieg und Mord, so leicht es über die Zunge geht, sie rhetorisch gleichzusetzen, sind zwei Paar Schuhe. Das läßt sich gerade an Hitler demonstrieren.

Sicher hat sich die Einstellung mindestens der westlichen Völker zum Krieg in diesem Jahrhundert stark gewandelt. Krieg wurde früher glorifiziert. Noch in den Ersten Weltkrieg zogen die beteiligten Völker – nicht nur das deutsche – mit Jubel und Begeisterung. Das hat aufgehört. Bereits den Zweiten Weltkrieg empfanden alle Völker – das deutsche nicht ausgenommen – als ein Unglück und eine Heimsuchung. Seither hat die Entwicklung der Massenvernichtungswaffen die allgemeine, entsetzt abwehrende Angst vor Krieg noch verstärkt. Abgeschafft hat sie den Krieg aber nicht. Ein Weg, den Krieg abzuschaffen, ist noch nicht gefunden. Ihn zum Verbrechen zu erklären, wie in Nürnberg geschehen, ist offensichtlich kein solcher Weg.

Das beweisen die vielen Kriege, die seither stattgefunden haben und stattfinden, und das beweisen die ungeheuren Summen und Arbeitsleistungen, die dieselben Mächte, die in Nürnberg den Krieg zum Verbrechen erklärt haben, seither alljährlich dafür aufwenden, zum Kriege gerüstet zu bleiben. Sie können nicht anders; denn sie wissen, daß Krieg immer noch jederzeit möglich ist und unter Umständen unvermeidlich werden kann.

Zwar hatten schon vor dem Zweiten Weltkrieg die meisten der Staaten, die ihn dann führten, im Kelloggpakt eine feierliche Kriegsverzichterklärung unterzeichnet, und seit 1945 gehören solche Kriegsverzichterklärungen zum Normalbestand internationaler Verträge, von der UN-Satzung bis zur Helsinki-Akte. Aber alle Regierungen wissen, daß darauf im Ernst kein Verlaß ist, und richten sich entsprechend ein. Niemand wird deswegen alle Regierungen zu Verbrecherbanden erklären. Das Unangenehme, aber Unvermeidliche zum Verbrechen zu erklären, hilft nicht weiter. Ebensogut wie den Krieg könnte man den Stuhlgang zum Verbrechen erklären.

Der kürzeste Blick auf die Weltgeschichte, die nachhitlersche wie die vorhitlersche, lehrt nämlich, daß der Krieg aus dem Staatensystem ebensowenig zu verbannen ist wie der Stuhlgang aus dem biologischen System des menschlichen Körpers; und es bedarf nur der einfachsten Überlegung, um zu erkennen, warum das so ist. Kriege werden zwischen Staaten geführt; und sie gehören zum Staatensystem, weil und solange Staaten die höchste existierende irdische Macht- und Gewaltinstanz sind. Ihr Gewaltmonopol ist unentbehrlich; es ist die notwendige Bedingung dafür, daß die internen Gruppen- und Klassenkonflikte ihrer Bürger gewaltlos ausgetragen werden können. Es macht aber zugleich unvermeidlich, daß die Konflikte der Staaten selbst im Zuspitzungsfall nur gewaltsam, eben durch Krieg, ausgetragen werden können. Anders wäre es nur, wenn es über den Staaten noch eine höhere Machtinstanz gäbe: einen einzigen, die ganze Erde beherrschenden Universalstaat, der die Staaten so mediatisierte wie ein Bundesstaat seine Gliedstaaten. Ein solcher Weltstaat ist zwar stets das Ideal der großen Eroberer und der von ihnen gegründeten Großreiche gewesen, aber dieses Ziel ist bisher nie erreicht worden. Solange die politische Welt aus einer Vielzahl souveräner Staaten besteht, gilt Schillers Wort:

> »Der Krieg ist schrecklich, wie des Himmel Plagen,
> Doch er ist gut, ist ein Geschick, wie sie.«

Ihn zu kriminalisieren, wie in Nürnberg versucht, kann ihn nur schrecklicher machen, weil der Verlierende dann nicht mehr um Sieg oder Niederlage kämpfen muß, sondern um Leben oder Tod.

Vielleicht wird man einwenden, daß in Nürnberg ja nicht jeder Krieg zum Verbrechen gestempelt worden ist, sondern nur der Angriffs- und Eroberungskrieg. Daß Hitler einen solchen geführt hat, zum mindesten im Osten, wird niemand bestreiten wollen. Anders als beim Ersten Weltkrieg gibt es beim Zweiten kaum eine »Kriegsschuldfrage«. Hitler plante, wollte und führte diesen Krieg, mit dem Nahziel der Gründung eines deutschbeherrschten Großreichs und dem Fernziel der Weltherrschaft.

Aber auch das kann man nicht ohne weiteres als Verbrechen bezeichnen, und zwar gerade dann nicht, wenn man der Meinung ist, daß Krieg abgeschafft werden muß, weil sich die Menschheit mit ihrer heutigen Technik Krieg nicht mehr leisten kann.

Wenn Kriege nämlich in einer Welt souveräner Staaten unvermeidlich, und wenn sie andererseits für die Menschheit des technischen Zeitalters lebensbedrohend geworden sind, dann liegt ein »war to end war«, ein Krieg zur Beendigung aller Kriege, in der Logik der Menschheitssituation. Wie wir eben sahen, wäre nämlich das einzige Mittel, den Krieg als Einrichtung abzuschaffen, der Weltstaat, und zum Weltstaat gibt es wahrscheinlich keinen anderen Weg als den erfolgreichen Welteroberungskrieg. Die geschichtliche Erfahrung zeigt uns jedenfalls keinen anderen.

Daß Einrichtungen wie der Genfer Völkerbund und die New Yorker UN den Krieg nicht abschaffen, steht fest. Andererseits: Dem längsten und sichersten Frieden, von dem wir wissen, der Pax Romana der ersten vier Jahrhunderte unserer Zeitrechnung, war eine ganze Serie zielstrebiger römischer Eroberungskriege vorausgegangen, und nur durch diese Eroberungskriege war er möglich geworden. Imperium Romanum und Pax Romana waren dasselbe. Um ein kleineres, aber geschichtlich näherliegendes Beispiel anzuführen: Zwischen den Staaten Deutschlands hatte es jahrhundertelang immer wieder Kriege gegeben, darunter so verheerende wie den Dreißigjährigen, bis Bismarck Deutschland einigte – durch Krieg. Und wie steht es mit dem Zweiten Weltkrieg selbst? Wurde er nicht für die beiden Hauptsiegermächte, Rußland und Amerika, schließlich auch, gewollt oder ungewollt, zu einem Eroberungs- und Reichsgründungskrieg? Sind nicht Nato und Warschauer Pakt in gewissem Sinne amerikanische und russische Imperien? Ging es nicht in dem kalten Krieg, der dem Zweiten Weltkrieg folgte, ehe er durch das Atompatt einstweilen abgewürgt wurde, im stillen bereits um die Weltherrschaft? Und muß man nicht zugeben, daß die russischen und amerikanischen Herrschaftsbereiche, die als Ergebnis des Zweiten Weltkriegs entstanden sind, heute die einzigen Teile der Welt darstellen, innerhalb derer ein sicherer Friede herrscht? Es klingt paradox, aber die erfolgreichen Eroberer und Weltreichgründer, zu denen ja Hitler zu gehören wünschte, haben in der Geschichte mehr für den Frieden bewirkt als alle papierenen Kriegsverzichterklärungen. Nicht darin also liegt Hitlers Verbrechen, daß er es ihnen gleichtun wollte – oder anders gesehen, daß er erfolglos versuchte, was seine amerikanischen und russischen Bezwinger, von ihm angestoßen, dann erfolgreich durchführten.

Das besondere Verbrechen Hitlers liegt auch nicht in der »Verletzung der Kriegsgesetze und -gebräuche«, also den eigentlichen »Kriegsverbrechen«, die dem Nürnberger Prozeß seinen Namen gegeben haben. Hier muß zunächst bemerkt werden, daß dieser Anklagepunkt mit dem vorher behandelten in Widerspruch steht. Wenn Krieg überhaupt ein Verbrechen sein soll, dann sind auch seine Gesetze und Gebräuche ein Teil dieses Verbrechens, und auf ihre Verletzung kommt es dann nicht mehr an. Tatsächlich gehen die »Kriegsgesetze und -gebräuche« aber im Gegenteil davon aus, daß Krieg kein Verbrechen, sondern eine grundsätzlich akzeptierte, weil unvermeid liche, internationale Einrichtung ist; sie dienen, in Carl Schmitts glücklicher Formulierung, der »Hegung des Krieges«; sie suchen ihn, hauptsächlich durch Vorschriften und Übereinkünfte zur Schonung der Zivilbevölkerungen und der Kriegsgefangenen, einzugrenzen und erträglicher zu machen.

Übrigens sind sie alles andere als vollständig. Die Genfer Konvention, die Leib und Leben der Kriegsgefangenen schützt, ist nicht von allen Staaten ratifiziert. Der Haager Landkriegsordnung, die Übergriffe gegen die Zivilbevölkerung im Kriegsgebiet verbietet, entspricht keine Luftkriegsordnung; Bombenangriffe auf Wohngebiete widersprechen also nicht den allgemein anerkannten Kriegsgesetzen und -gebräuchen.

Noch wichtiger aber ist, daß Verstöße gegen die verschiedenen Kriegsgesetze und -gebräuche, die natürlich in allen Kriegen und auf allen Seiten vorkommen, hergebrachterweise keiner internationalen Sanktion unterliegen, und das mit gutem Grund. Sie werden, mit wechselnder Strenge, im Kriege selbst von den Vorgesetzten und Kriegsgerichten der eigenen Seite bestraft – oft durchaus mit Strenge, denn Plünderungen, Morde, Notzuchtverbrechen usw. untergraben ja, wenn sie geduldet werden, die Disziplin und damit den Kampfwert der eigenen Truppe. Nach dem Kriege aber pflegen diese Kriegsverbrechen, soweit ungesühnt, auf allen Seiten stillschweigend amnestiert zu werden, was nur Justizfanatiker bedauern können. Es liegt Weisheit darin, die sozusagen normalen Kriegsgreuel als Begleiterscheinungen einer unvermeidlichen Ausnahmesituation zu behandeln in der gute Bürger und Familienväter sich ans Töten gewöhnen, und sie nach dem Kriege möglichst schnell in Vergessenheit geraten zu lassen.

Es war ein Fehler der Siegermächte, nach dem Zweiten Weltkrieg diese Weisheit zu vergessen. Nicht nur deswegen, weil die Verfolgung nur der Besiegten für Ausschreitungen, die natürlich auch auf der Siegerseite vorgekommen waren, ein Gefühl der Ungerechtigkeit hervorrufen mußte. Sondern vor allem deswegen, weil der Sinn für den besonderen Charakter der Hitlerschen Verbrechen abgestumpft wurde, wenn man sie mit den in jedem Krieg passierenden Kriegsverbrechen in einen Topf warf. Hitlers

Massenmorde erkennt man als solche gerade daran, daß sie *keine* Kriegsverbrechen waren. Massaker an Kriegsgefangenen in Drang und Hitze der Schlacht; Geißelerschießungen im Partisanenkrieg; Bombardierungen reiner Wohngebiete im »strategischen« Luftkrieg; Versenkung von Passagierdampfern und neutralen Schiffen im U-Bootkrieg: das alles sind Kriegsverbrechen, fürchterlich gewiß, aber nach dem Kriege nach allgemeiner Übereinkunft besser allseits vergessen. Massenmord, planmäßige Ausrottung ganzer Bevölkerunsgruppen, »Ungeziefervertilgung« begangen an Menschen, ist etwas ganz anderes.

Mit diesen Verbrechen Hitlers müssen wir uns nun beschäftigen, wobei wir uns Schilderungen der schauderhaften Einzelheiten ersparen wollen. Sie sind in anderen Büchern reichlich zu finden, zum Beispiel in der genau und sauber dokumentierten Darstellung »Die nationalsozialistischen Gewaltverbrechen« von Reinhard Henkys. Hier seien nur kurz die Tatbestände festgenagelt, in zeitlicher Reihenfolge.

1. Auf den Tag des Kriegsausbruchs, den 1. September 1939 datiert, ist Hitlers schriftlicher Befehl zur Massentötung von Kranken in Deutschland. Auf Grund dieses Befehls sind in den nächsten zwei Jahren rund 100 000 Deutsche – »unnütze Esser« – von Amts wegen getötet worden, und zwar 70 bis 80 000 Patienten in Heil- und Pflegeanstalten, 10 bis 20 000 ausgesonderte Kranke und Invaliden in Konzentrationslagern, alle jüdischen Patienten in Nervenheilanstalten, und rund 3000 Kinder zwischen drei und dreizehn Jahren, im wesentlichen Sonderschüler und Fürsorgezöglinge. Die Aktion wurde im August 1941 suspendiert, teils weil sie in der Bevölkerung zunehmende Unruhe und auf kirchlicher Seite öffentliche Proteste hervorgerufen hatte, teils – und wohl hauptsächlich – weil die zur Durchführung der Krankenausrottung geschaffene Organisation (Tarnname T 4) von Hitler jetzt für die nunmehr in großem Stil anlaufende Judenausrottung gebraucht wurde. Später war keine Gelegenheit mehr, die Krankenausrottung wieder aufzunehmen.

2. Ebenfalls im September 1939 begann in Deutschland die Ausrottungsaktion gegen die Zigeuner. Sie wurden überall aufgegriffen und zunächst in Konzentrationslager,

dann in zwei Schüben, 1941 und 1943, in Vernichtungslager überführt. Von 1941 an wurden die Zigeuner in den besetzten Ländern Osteuropas ebenso systematisch ausgerottet wie die dort lebenden Juden. Dieser Massenmord ist, vielleicht weil er niemals propagandistisch vorbereitet und kommentiert wurde, sondern ganz im stillen erfolgte, auch später kaum im einzelnen erforscht worden. Man sprach nicht von ihm, als er stattfand, und man weiß auch heute nicht viel mehr davon als eben, daß er stattgefunden hat. Dokumente sind rar. Schätzungen der Mordziffern gehen bis zu 500 000. Von den rund 25 000 Zigeunern, die 1939 in Deutschland lebten, blieben 1945 jedenfalls nur etwa 5000 am Leben.

3. Etwa einen Monat später, auf den Oktober 1939, nach der Beendigung der Kampfhandlungen in Polen, muß man den Beginn der dritten Hitlerschen Massenmordserie datieren, deren Opfer die polnische Intelligenz- und Führungsschicht war und die dann fünf lange Jahre im Gange blieb. Hier gibt es keinen schriftlichen Befehl Hitlers – der schriftliche Befehl zur Krankenausrottung blieb der letzte seiner Art –, sondern nur mündliche Anordnungen, die aber ebenso bezeugt sind und ebenso strikt befolgt wurden. Heydrich zum Beispiel spricht in einem Bericht vom 2. 7. 1940, in dem er sich mit Wehrmachtsbeschwerden über die deutsche Schreckensherrschaft in Polen auseinandersetzt, von einem »außerordentlich radikalen Sonderbefehl des Führers (z. B. Liquidierungsbefehl für zahlreiche polnische Führungskreise, der in die Tausende ging)«, und der Generalgouverneur im besetzten Polen, Frank, zitiert eine mündliche Ermahnung Hitlers vom 30. 5. 1940: »Was wir jetzt an Führerschicht in Polen festgestellt haben, das ist zu liquidieren, was wieder nachrückt, ist von uns sicherzustellen und in einem entsprechenden Zeitraum wieder wegzuschaffen.« Es steht fest, daß auf Anordnung Hitlers fünf Jahre lang nicht nur die Juden, sondern auch die nichtjüdischen Polen in ihrem Land rechtlos und einer totalen Willkürherrschaft ausgeliefert waren und daß dabei gerade die Angehörigen der gebildeten Schichten – Priester, Lehrer, Professoren, Journalisten, Unternehmer – einer planvollen Ausrottungskampagne zum Opfer fielen. Worauf sie abzielte, ist

einer Denkschrift Himmlers vom Mai 1940 zu entnehmen (Himmler war bei Hitlers Verbrechen durchweg seine rechte Hand und kann daher in diesen Dingen auch als Sprachrohr seines Führers gelten):

»Für die nichtdeutsche Bevölkerung des Ostens darf es keine höhere Schule geben als vierklassige Volksschule. Das Ziel dieser Volksschule hat lediglich zu sein: Einfaches Rechnen bis höchstens 500, Schreiben des Namens, eine Lehre, daß es ein göttliches Gebot ist, den Deutschen gehorsam und ehrlich, fleißig und brav zu sein. Lesen halte ich nicht für erforderlich. Außer dieser Schule darf es im Osten überhaupt keine Schule geben ... Die Bevölkerung des Generalgouvernements setzt sich dann zwangsläufig nach einer konsequenten Durchführung dieser Maßnahmen im Laufe der nächsten zehn Jahre aus einer verbleibenden minderwertigen Bevölkerung ... zusammen. Diese Bevölkerung wird als führerloses Arbeitsvolk zur Verfügung stehen und Deutschland jährlich Wanderarbeiter und Arbeiter für besondere Arbeitsvorkommen (Straßen, Steinbrüche, Bauten) stellen.«

Diese Dezivilisierung eines alten Kulturvolks war natürlich selbst ein Verbrechen, aber außerdem schloß sie das Verbrechen des Massenmords an den polnischen Bildungsschichten ein. Die genauen Ziffern der gebildeten Polen, die Opfer dieses systematischen Massenmordes wurden, sind schwerer zu ermitteln als die der ermordeten Juden. Im Ganzen verlor Polen, nach amtlichen polnischen Zahlen, in den sechs Kriegsjahren rund sechs Millionen Menschen, von denen rund drei Millionen ermordete Juden waren. Nicht mehr als 300 000 Polen fielen im Kampf. Rechnet man 700 000 als Flüchtlinge und natürliche Abgänge ab, dann bleiben zwei Millionen, von denen sicher mehr als die Hälfte auf das Konto der planmäßigen Ausrottungsmaßnahmen gegen die Führungsschichten zu setzen sein dürfte. Der Rest dürfte den Vergeltungsmaßnahmen im Partisanenkrieg, den mit größter Rücksichtslosigkeit durchgeführten Massenumsiedlungen und dem allgemeinen Einschüchterungsterror der Besatzungsbehörden zuzuschreiben sein.

4. Die deutsche Politik gegenüber der russischen Bevölkerung in dem zwei bis drei Jahre lang besetzten riesigen russischen Gebieten entsprach genau der oben dargelegten Polenpolitik: Ausrottung der Führungsschichten, Ent-

rechtung und Versklavung der übrigen Bevölkerungsmasse. Polen – ursprünglich von Hitler für ein milderes Schicksal, nämlich das eines Hilfsvolks wie Ungarn, Rumänien, die Slowakei und Bulgarien vorgesehen – war ja, nachdem es sich dieser Rolle verweigert hatte, nicht nur als Strafe für diese Verweigerung, sondern auch als Vorübung für Rußland zum Exerzierfeld der für Rußland immer geplanten Ausrottungs- und Versklavungspolitik gemacht worden. In Rußland aber gab es gegenüber Polen zwei Unterschiede, die diese Politik noch verschärften.

Erstens waren die russischen Oberschichten, wirklich oder vermeintlich, kommunistisch (während die polnischen überwiegend konservativ-katholisch gewesen waren), was die letzten Hemmungen bei ihrer systematischen Ausrottung wegfallen ließ. Zweitens war an den Verbrechen in Rußland, anders als in Polen, willig oder widerwillig auch die Wehrmacht beteiligt.

In Polen hatte der Generaloberst Blaskowitz, der erste Militärbefehlshaber im besetzten Gebiet (der daraufhin seines Postens enthoben wurde), im ersten Kriegswinter noch in einer Beschwerdeschrift sein Entsetzen darüber geäußert, daß sich hinter den deutschen Linien »tierische und pathologische Instinkte austoben«; und Heydrich hatte in seinem schon zitierten Bericht vom 2. Juli 1940 darauf hingewiesen, daß der »außerordentlich radikale« Führerbefehl den gesamten Heeresbefehlsstellen natürlich nicht mitgeteilt werden konnte, »so daß nach außen hin das Handeln der Polizei und der SS als willkürliche, brutale Eigenmächtigkeit in Erscheinung trat«. In Rußland glaubte Hitler der Armee solche Unschuld nicht mehr gestatten zu können. Bereits am 30. März 1941, also Monate vor Kriegsbeginn, hielt er eine Ansprache vor hohen Offizieren, in der er ihnen reinen Wein einschenkte: »Wir müssen vom Standpunkt des soldatischen Kameradentums abrücken. Der Kommunist ist vorher kein Kamerad und nachher kein Kamerad. Es handelt sich um einen Vernichtungskrieg... Wir führen nicht Krieg, um den Feind zu konservieren... Im Osten ist Härte mild für die Zukunft.«

Wieweit die Wehrmachtgenerale solchen Ermahnungen gefolgt sind, wieweit insbesondere der berüchtigte Hitlerbefehl zur Tötung aller gefangengenommenen politischen Kommissare befolgt worden ist, ist heute noch umstritten. Nicht umstritten ist das Schicksal der russischen Kriegsgefangenen in deutscher Hand. Nach einer Aufstellung des Allgemeinen Deutschen Wehrmachtsamts im OKW vom 1. Mai 1944 waren bis dahin 5,16 Millionen Russen gefangengenommen worden, die meisten im ersten Feldzug 1941. Davon lebten zu diesem Zeitpunkt noch 1 871 000. 473 000 wurden als »exekutiert« verzeichnet, 67 000 als entflohen. Der Rest – fast drei Millionen – war in den Gefangenenlagern umgekommen, größtenteils verhungert. Es ist vollkommen zutreffend, daß später auch viele deutsche Kriegsgefangene die russische Gefangenschaft nicht überlebt haben.

Hier verschwimmt die Grenze zwischen den Kriegsverbrechen, die besser vergessen werden, und den Massenmorden Hitlers. Sicher gab es Schwierigkeiten bei der Ernährung von Millionen innerhalb weniger Monate Gefangengenommener, die manches erklären. Aber sie erklären nicht alles. Daß Verhungernlassen und Kannibalismus in den Gefangenenkäfigen von Hitler beabsichtigt waren, dafür gibt es ein direktes Eingeständnis an unerwarteter Stelle. In der »Mittagslage« vom 12. Dezember 1942 begründete Hitler seine Verweigerung eines Ausbruchs der in Stalingrad eingeschlossenen Sechsten Armee unter anderem damit, daß die pferdebespannte Artillerie dann zurückbleiben müsse, weil die ausgehungerten Pferde keine genügende Zugkraft mehr hätten. Dann fuhr er fort: »Wenn das Russen wären, würde ich sagen: Ein Russe frißt den andern auf. Aber ich kann nicht einen Gaul den andern fressen lassen.«

Die Massenmorde an russischen Zivilisten der Führungsschicht waren nicht Aufgabe der Wehrmacht, sondern von vier Einsatzgruppen, die vom ersten Tag an hinter den Linien das Mordgeschäft unter Hochdruck betrieben. Bis April 1942 – also in den ersten zehn Monaten eines fast vierjährigen Krieges – meldete die Einsatzgruppe A (Nord) 250 000 »Exekutierte«, die Einsatzgruppe B (Mitte) 70 000, die Einsatzgruppe C (Süd) 150 000, die Einsatzgruppe D (extreme Südfront) 90 000. Da spätere Zahlen nicht erhalten sind, und da in den Erfolgsmeldungen zwischen Juden und »Bolschewisten« nicht unterschieden wird, ist es schwer, die genaue Zahl ermordeter nichtjüdischer russischer Zivilisten abzuschätzen. Sie dürfte aber sicher nicht niedriger sein als in Polen, eher höher. Daß Hitler durch diesen Massenmord seine Siegeschance nicht etwa verbesserte, sondern im Gegenteil zunichte machte, haben wir schon gesagt.

5. Der umfangreichste Massenmord Hitlers ist bekanntlich an den Juden begangen worden, und zwar zuerst, seit Mitte 1941, an den Juden Polens und Rußlands, dann seit Anfang 1942, auch an den Juden Deutschlands und des ganzen besetzten Europa, das zu diesem Zweck »von Westen nach Osten durchgekämmt« wurde. Erstrebt und von Hitler im voraus, am 30. Januar 1939, angekündigt wurde »die Vernichtung der jüdischen Rasse in Europa«. Erreicht worden ist dieses Endziel nicht, trotz extremer Bemühungen. Immerhin beträgt die Zahl der auf Hitlers Befehl ermordeten Juden nach den niedrigsten Berechnungen über vier, nach den höchsten fast sechs Millionen. Gemordet wurde bis 1942 durch Massenerschießung vor Massengräbern, die die Opfer vorher ausheben mußten; später, in den sechs Vernichtungslagern Treblinka, Sobibor, Maidanek (Lublin), Belzec, Chelmno (Kulmhof) und Auschwitz, durch Vergasung in eigens dafür konstruierten Gaskammern, denen riesige Krematorien angeschlossen waren.

Neuerdings hat ein englischer Historiker, David Irving, die Verantwortung Hitlers gerade für den Judenmord bestritten; dieser Massenmord sei, so Irving, von Himmler auf eigene Faust hinter dem Rücken Hitlers begangen worden.

Irvings These ist unhaltbar, nicht nur, weil sie jeder inneren Wahrscheinlichkeit entbehrt – es war unter den Verhältnissen des Dritten Reiches ganz unmöglich, eine Aktion dieses Umfangs ohne Wissen und gar gegen den Willen Hitlers durchzuführen, und gerade Hitler hatte ja die »Vernichtung der jüdischen Rasse« für den Kriegsfall im voraus angekündigt –, sondern weil klare Zeugnisse sowohl Hitlers wie Himmlers beweisen, daß Hitler der Befehlende, Himmler der Befehlsausführer war. Hitler hat sich der Verwirklichung seiner Vorankündigung im

Laufe des Jahres 1942 – des ersten Jahrs der »Endlösung« – nicht weniger als fünfmal öffentlich gerühmt, am 1. Januar, 30. Januar, 24. Februar, 30. September und 8. November. Die letzte Äußerung sei wörtlich zitiert:

»Sie werden sich noch der Reichstagssitzung erinnern, in der ich erklärte: Wenn das Judentum sich etwa einbildet, einen internationalen Weltkrieg zur Ausrottung der europäischen Rassen herbeiführen zu können, dann wird das Ergebnis nicht die Ausrottung der europäischen Rassen, sondern die Ausrottung des Judentums in Europa sein. Man hat mich immer als Propheten ausgelacht. Von denen, die damals lachten, lachen heute Unzählige nicht mehr, und die jetzt noch lachen, werden es in einiger Zeit vielleicht auch nicht mehr tun.«

Auch Himmler hat mehrfach von seinem Anteil an der versuchten Judenausrottung gesprochen, aber in einem ganz anderen Ton – nicht dem höhnischer Prahlerei, sondern dem des Selbstmitleids. Etwa am 5. Mai 1944: »Sie werden mir nachfühlen, wie schwer die Erfüllung dieses mir gegebenen soldatischen Befehls war, den ich befolgt und durchgeführt habe aus Gehorsam und vollster Überzeugung.« Oder am 21. Juni 1944: »Es war die furchtbarste Aufgabe und der furchtbarste Auftrag, den eine Organisation bekommen konnte: der Auftrag, die Judenfrage zu lösen.« Niemand als Hitler aber konnte Himmler einen »Auftrag« oder einen »soldatischen Befehl« erteilen. Es bedarf danach kaum noch der weiteren Zeugenschaft Goebbels', der am 27. März 1942 in seinem Tagebuch von »einem Verfahren, das nicht allzu auffällig wirkt« berichtet (es handelt sich um die ersten, seit Anfang 1942 in Lublin installierten Gaskammern): »Es wird hier ein ziemlich barbarisches und nicht näher zu beschreibendes Verfahren angewandt, und von den Juden selbst bleibt nicht mehr viel übrig ... Auch hier ist der Führer der unentwegte Vorkämpfer und Wortführer einer radikalen Lösung.«

Irvings einziges Beweisstück für seine These ist eine Notiz Himmlers vom 30. November 1941, nach einem Telefongespräch mit Hitler: »Judentransport aus Berlin, keine Liquidierung.« In diesem einen Fall ist also offenbar von Hitler eine Ausnahme angeordnet worden – was in sich selbst beweist, daß »Liquidierung« die Regel war, und überdies, daß Hitler sich bei der Mordaktion sogar um

Einzelheiten kümmerte –, und es ist auch leicht zu sehen, warum: Der Judentransport aus Berlin war voreilig gewesen; die deutschen Juden waren noch nicht dran. Im November 1941 war man noch vollauf mit der »Liquidierung« der polnischen und russischen Juden beschäftigt, die »Endlösung« für ganz Europa wurde erst auf der Wannseekonferenz vom 20. Januar 1942 organisiert, und Ordnung mußte sein. Auch waren die Gaskammern und Verbrennungsöfen noch nicht fertig. Sie kamen erst 1942 nach und nach in Betrieb.

Die von Irving herausgefischte Episode wirft aber ein Streiflicht auf zwei Merkwürdigkeiten, die eine etwas nähere Betrachtung verdienen. Die eine betrifft die Behandlung des Massenmords an den Juden in der deutschen Öffentlichkeit, die andere Hitlers Zeitplan bei diesem seinem zahlenmäßig größten Verbrechen.

Hitler hat sich, wie eben gezeigt, dieses Verbrechens im Laufe des Jahres 1942 fünfmal öffentlich gerühmt, aber nur in allgemeinen Wendungen. Die Einzelheiten hat er in Deutschland soweit wie möglich geheimhalten lassen, und zwar offenbar deswegen, weil er keine Billigung erwarten konnte, sondern im Gegenteil unerwünschte Beunruhigung und vielleicht sogar Widerstände, wie sie schon die »Aktion Gnadentod« behindert hatten.

Hitler hatte vor dem Kriege zweimal ausprobiert, wie die Masse der Deutschen auf offene Gewalttätigkeit gegen die Juden reagieren würde: bei dem reichsweiten Boykott jüdischer Geschäfte durch die SA am 1. April 1933 und dem ebenso reichsweiten und ebenso von oben angeordneten Großpogrom vom 9. und 10. November 1938, das noch heute als »Reichskristallnacht« bekannt ist. Das Ergebnis war von seinem Standpunkt beide Male negativ ausgefallen. Die deutschen Massen hatten nicht mitgemacht, im Gegenteil, vielfach hatte sich Mitleid mit den Juden, Verärgerung und Beschämung gezeigt – allerdings nicht mehr als das. Offene Auflehnung hatte es nirgends gegeben, und der Ausdruck »Reichskristallnacht«, der, man weiß nicht wie, sofort in aller Munde war, zeigte genau die Verlegenheit an, in der sich der Durchschnittsdeutsche angesichts der Untaten vom November 1938 befand: einerseits Spott und Ablehnung, andererseits der ängstliche Wunsch, die eigentlichen Greuel nicht wahrzunehmen und das Ganze auf zerbrochene Fensterscheiben herunterzuspielen.

An diesem Befund hielt sich Hitler, was Deutschland betraf. Er ersparte den deutschen Juden nichts; aber er hielt der Masse der Deutschen sorgfältig die Möglichkeit offen, sich unwissend zu halten oder sich vorzumachen, alles sei halb so schlimm. Die Vernichtungsaktionen fanden weit außerhalb Deutschlands statt, im tiefsten Osten Europas, wo Hitler mit mehr örtlicher Zustimmung rechnen konnte und wo im übrigen seit Kriegsbeginn sowieso Mord die Losung war. Für die Deutschen wurden die Juden offiziell nur »umgesiedelt«; Hitler ging sogar so weit, gerade die deutschen Juden nach Möglichkeit nicht direkt in die Vernichtungslager transportieren zu lassen, sondern zunächst in das Großgetto Theresienstadt in Böhmen, von wo sie noch eine Weile Postkarten an ihre deutschen Bekannten schreiben konnten – ehe es dann doch nach Auschwitz weiterging.

Natürlich sickerte von dem, was dort geschah, vieles trotzdem nach Deutschland durch. Aber wer durchaus wollte, konnte unwissend bleiben oder sich wenigstens unwissend stellen, auch vor sich selbst; und das taten die meisten Deutschen, wie übrigens auch die meisten Bürger der anderen europäischen Länder, aus denen die Juden »ausgekämmt« wurden. Etwas dagegen zu unternehmen, wäre für sie alle lebensgefährlich gewesen, und außerdem hatte man ja auch einen Krieg am Halse und reichlich eigene Sorgen. Das Äußerste, was der einzelne riskieren konnte, war Nothilfe zum Untertauchen für persönliche jüdische Freunde, und die kam auch in Deutschland vor, wenn auch nicht so häufig wie etwa in Holland und Dänemark. Das Verbrechen im ganzen zu verhindern, hätte eines Aufstands bedurft – und wie wollte man den unter Verhältnissen von Krieg und Diktatur zuwege bringen? Immerhin haben Hitlers Massenmorde bei den Verschwörern des 20. Juli als Antrieb eine ehrenrettende Rolle gespielt. Graf Schwerin von Schwanenfeld, im 20. Juli-Prozeß vor dem Volksgerichtshof nach seinen Motiven gefragt, hatte noch Zeit zu sagen: »Ich dachte an die vielen Morde«, ehe ihn Freisler niederschrie.

Der Vorwurf des Geschehenlassens, der den Deutschen noch lange anhängen wird, ist aber hier nicht unser Thema. Wir haben es mit Hitler zu tun. Und da bleibt die Feststellung interessant, daß er in sein größtes Verbrechen seine Landsleute nicht voll einweihte, weil er ihnen nicht traute. Trotz aller antisemitischen Propaganda der letzten zehn Jahre rechnete er nicht mit ihrer Bereitschaft zum Massenmord an ihren jüdischen Mitbürgern. Er hatte sie nicht zu dem vor nichts zurückschreckenden »Herrenvolk« machen können, das ihm vorgeschwebt hatte. Und hier mag einer der Gründe dafür zu suchen sein, daß er sie in den letzten Jahren zunehmend verachtete, den Kontakt mit ihnen nicht mehr suchte, gegen ihr Schicksal immer gleichgültiger wurde und schließlich sogar seinen Vernichtungswillen gegen sie selbst kehrte. Davon wird im nächsten und letzten Kapitel zu reden sein.

Kommen wir jetzt aber noch einmal auf Irvings Entlastungszeugnis für Hitler zurück, die am 30. November 1941 telefonisch an Himmler gegebene Weisung, einen an diesem Tag von Berlin abgegangenen Judentransport nicht zu liquidieren. Der Zeitpunkt ist interessant. Er liegt fünf Tage vor der russischen Gegenoffensive vor Moskau, die Hitler überzeugte, daß der Krieg nicht mehr gewonnen werden konnte; zehn Tage vor seiner Kriegserklärung an Amerika, mit der er die Niederlage besiegelte; und fünfzig Tage vor der Wannseekonferenz, auf der die »Endlösung der Judenfrage«, als die Ermordung der Juden auch Deutschlands und ganz Europas in Todesfabriken organisiert wurde. (Bis dahin war der systematische Judenmord auf Polen und Rußland beschränkt gewesen, und seine umständliche Methode waren Massenerschießungen gewesen.)

Zwischen den drei Daten besteht ein offensichtlicher Zusammenhang. Solange Hitler in Rußland noch einen ähnlich schnellen Sieg erhoffte wie ein Jahr zuvor in Frankreich, verband er damit die Hoffnung auf ein Einlenken Englands, da es mit Rußland seinen letzten »Festlandsdegen« verloren haben würde. Er hat das oft ausgesprochen. Dann aber mußte er für England verhandlungsfähig bleiben. Er durfte nicht in Ländern als Massenmörder auftreten, aus denen alles, was dort geschah, sofort in England bekannt wurde. Was er in Polen und Rußland tat, mochte er hoffen, wenigstens solange der Krieg dauerte, vor der Außenwelt geheimhalten zu können; Massenmord in Frankreich, Holland, Belgien, Luxemburg, Dänemark, Norwegen, auch in Deutschland selbst, mußte dagegen sofort in England bekannt werden und Hitler dort endgültig unmöglich machen, wie es ja auch geschah: Die Proklamierung der »Bestrafung für diese Verbrechen« als neues westliches Kriegsziel datiert vom Januar 1942.

Mit anderen Worten: Seinen lange gehegten Wunsch, die Juden ganz Europas auszurotten, durfte er sich erst erfüllen, wenn er jede Hoffnung auf einen Ausgleichsfrieden mit England (und die damit verbundene Hoffnung, den Kriegseintritt Amerikas zu vermeiden) aufgab. Und das tat er erst nach dem 5. Dezember 1941, dem Tag, an dem ihn die russische Offensive vor Moskau aus seinen russischen Siegestraum riß. Es muß ein außerordentlicher Schock für ihn gewesen sein: Zwei Monate vorher hatte er noch öffentlich verkündet, »daß dieser Gegner bereits am Boden liegt und sich nie mehr erheben wird«. Und unter der Einwirkung dieses Schocks schaltete er nun um, »eiskalt« und »blitzschnell«: Wenn er in Rußland nicht mehr siegen konnte, dann gab es – so Hitlers Folgerung – auch keine Friedensmöglichkeit mit England mehr. Dann konnte er auch gleich Amerika den Krieg erklären, was ihm nach Roosevelts so lange unbeantworteten Provokationen eine offensichtliche Genugtuung gewährte. Und dann konnte er sich auch die noch größere Genugtuung gönnen, nunmehr die »Endlösung der Judenfrage« für ganz Europa anzuordnen, denn auf die Wirkung dieses Verbrechens in England und Amerika brauchte er nun keine Rücksicht mehr zu nehmen.

Freilich machte er mit alledem die deutsche Niederlage unausweichlich und sorgte auch gleich dafür, daß der Niederlage ein Strafgericht folgen mußte. Aber daß ihn das nicht stören würde, hatte er ja schon am 27. November in dem im vorigen Kapitel zitierten Gesprächen mit dem dänischen und kroatischen Außenminister bekundet, in denen er sinngemäß gesagt hatte, wenn Deutschland nicht siegen könne, dann möge es untergehen, er werde ihm keine Träne nachweinen.

Kurz, im Dezember 1941, innerhalb weniger Tage, traf Hitler zwischen den beiden nicht miteinander zu vereinbarenden Zielen, die er von Anfang an verfolgt hatte, der Weltherrschaft Deutschlands und der Ausrottung der Juden, eine endgültige Entscheidung: er gab das erste als unerreichbar auf und konzentrierte sich ganz auf das zweite. (Am 30. November war es dafür noch ein paar Tage zu früh gewesen.) Mehr noch: Er nahm jetzt auch die totale Niederlage Deutschlands, mit allen ihren möglichen Folgen, in Kauf dafür, die Judenausrottung in ganz Europa, nach der ihm schon lange der Mund wässerte, endlich durchzuführen.

Von hier aus erklärt sich nun auch die Kriegserklärung an Amerika, die wir im vorigen Kapitel unter keinem politischen Gesichtspunkt erklärlich machen konnten: Der Politiker Hitler dankte im Dezember 1941 endgültig ab zugunsten des Massenmörders Hitler.

Auch die völlige politische Inaktivität und Lethargie Hitlers in der zweiten Kriegshälfte, über die wir uns im vorigen Kapitel zu wundern Gelegenheit gehabt hatten und die mit seiner früheren politischen Wachheit und Entschlußfreudigkeit so auffallend kontrastiert, erklärt sich jetzt. Politik, für die er so begabt gewesen war, interessierte Hitler nicht mehr; für das Ziel, das er jetzt noch als einziges verfolgte, brauchte er sie nicht. »Politik? Ich mache keine Politik mehr. Das widert mich so an.« Der Ausspruch (zu Ribbentrops Verbindungsmann im Führerhauptquartier, Hewel) stammt zwar aus einer späteren Zeit, Frühjahr 1945; aber er hätte mit gleichem Recht schon seit 1942 getan werden können. Von Ende 1941 an machte Hitler keine deutsche Politik mehr. Er trieb nur noch mörderische Allotria.

Womit Hitler sich auch jetzt noch, intensiver als je, beschäftigte, das war die militärische Kriegführung. Militärische Kriegführung brauchte er noch: um die Zeit zu gewinnen, seinen beabsichtigten Massenmord durchzuführen, und den Raum zu halten, in dem er seine Opfer fand. Und nur auf Zeitgewinn und Raumverteidigung war dann auch seine Strategie in den Jahren nach 1942 gerichtet. Initiativen zu spektakulären militärischen Einzelerfolgen, die einem anderen als Hitler vielleicht doch noch wieder eine Chance zu einem Verhandlungsfrieden hätten geben können, hat Hitler spätestens seit Anfang 1943 nicht mehr entfaltet, und wo einzelne seiner Generäle solche Initiativen ergriffen (Rommel im Sommer 1942 in Afrika, Manstein im Frühjahr 1943 in der Ukraine), hat er sie nicht unterstützt, eher behindert. Auch sie interessierten ihn nicht mehr.

Alles spricht dafür, daß er sich mit der schließlichen Niederlage seit der Jahreswende 1941/42 innerlich abgefunden hatte. Immerhin schon aus dem November 1942 stammt sein berühmt gebliebener, in seiner Doppeldeutigkeit viel verratender Ausspruch: »Ich höre grundsätzlich immer erst fünf Minuten nach zwölf auf.« Daß er in diesen Jahren, während sich der Ring um Deutschland immer enger schloß, in seinen Tischreden im Hauptquartier trotzdem oft ungebrochene Selbstzufriedenheit und gelegentlich sogar robuste Aufgeräumtheit zu erkennen gab, läßt sich nur mit dem Bewußtsein erklären, daß in dieser Zeit sein nunmehr einziges Ziel ebenso der Verwirklichung täglich näherrückte, wie die alliierten Armeen dem zernierten und bombardierten Deutschland näherrückten: Drei Jahre lang wurden Tag für Tag jüdische Familien in ganz Europa aus ihren Wohnungen oder Verstecken geholt, nach Osten transportiert und nackt in die Todesfabriken getrieben, wo die Schornsteine der Verbrennungsöfen Tag und Nacht rauchten. Erfolge, wie in den vergangenen elf Jahren, hatte Hitler in diesen drei letzten nicht mehr zu genießen; aber darauf zu verzichten, fiel ihm leicht, da er dafür mehr als je vorher die Lust des Killers genießen konnte, der die letzten Rücksichten abgeworfen hat, sein Opfer in der Hand hat und mit ihm verfährt, wie er will.

Für den Hitler der letzten dreieinhalb Kriegsjahre war der Krieg eine Art Wettlauf geworden, den er immer noch zu gewinnen hoffte. Wer würde früher am Ziel sein: Hitler mit seiner Judenausrottung, oder die Alliierten mit ihrer militärischen Niederwerfung Deutschlands? Die Alliierten brauchten dreieinhalb Jahre, bis sie am Ziel waren. Und inzwischen war auch Hitler seinem Ziel immerhin schrecklich nahegekommen.

VERRAT

Es ist eine interessante, aber merkwürdigerweise wenig
beachtete Tatsache, daß Hitler keineswegs *den* Völkern
den größten Schaden zugefügt hat, an denen er seine
größten Verbrechen verübt hat.

Die Sowjetunion hat durch Hitler mindestens zwölf – sie
selbst behauptet: zwanzig – Millionen Menschen verloren;
aber die gewaltige Anstrengung, zu der Hitler sie gezwungen hat, hat sie zur Supermacht erhoben, was sie vorher
nicht war. In Polen hat Hitler sechs Millionen – oder, wenn
man die polnischen Juden nicht mitzählt, drei Millionen
Menschen umgebracht; aber das Ergebnis des Hitlerkrie-
ges ist ein geographisch gesünderes und national geschlos-
seneres Polen, als das Vorkriegspolen gewesen war. Die
Juden hat Hitler ausrotten wollen, und in seinem Macht-
bereich ist ihm das beinahe gelungen; aber der Hitlersche
Ausrottungsversuch, der zwischen vier und sechs Millionen von ihnen das Leben gekostet hat, hat den Überlebenden die Verzweiflungsenergie eingeflößt, die zur Staats-
gründung notwendig war. Zum ersten Mal seit fast zwei-
tausend Jahren haben die Juden seit Hitler wieder einen
Staat – einen stolzen und ruhmbedeckten Staat. Ohne
Hitler kein Israel.

Weit größeren objektiven Schaden hat Hitler England
zugefügt, gegen das er gar nicht Krieg führen wollte und
immer nur mit halbem Herzen und halber Kraft geführt
hat. England hat durch den Hitlerkrieg sein Empire verloren und ist nicht mehr die Weltmacht, die es war; und
eine ähnliche Statusminderung haben durch das Wirken
Hitlers Frankreich und die meisten anderen Länder und
Völker Westeuropas erlitten.

Bei weitem am meisten aber hat Hitler, ganz objektiv
betrachtet, Deutschland geschädigt. Auch die Deutschen
haben Hitler furchtbare Menschenopfer dargebracht, über
sieben Millionen, mehr als die Juden und Polen; nur die
Russen haben noch schwerer geblutet; die Verlustlisten
der übrigen Kriegsteilnehmer sind mit denen dieser vier

gar nicht zu vergleichen. Während aber die Sowjetunion und Polen nach ihrem furchtbaren Blutopfer stärker dastehen als zuvor und Israel dem jüdischen Opfergang überhaupt erst seine Existenz verdankt, ist das Deutsche Reich von der Landkarte verschwunden.

Deutschland hat durch Hitler nicht nur die gleiche Statusminderung erfahren wie alle anderen früheren Großmächte Westeuropas. Es hat ein Viertel seines früheren Staatsgebiets (seines »Lebensraums«) eingebüßt, der Rest ist geteilt, und die zwei Teilungsstaaten sind durch ihre Einordnung in entgegengesetzte Machtblöcke in ein widernatürliches Feindverhältnis gezwungen. Daß es sich mindestens in dem größeren von ihnen, der Bundesrepublik, heute wieder gut leben läßt, ist nicht Hitlers Verdienst. Hitler hat 1945 in ganz Deutschland eine Wüste hinterlassen – eine physische und, was allzuleicht vergessen wird, auch eine politische Wüste: nicht nur Leichen, Trümmer, Ruinen und Millionen unbehauster, hungernd umherirrender Menschen, sondern auch eine zusammengebrochene Verwaltung und einen vernichteten Staat. Und beides – das Elend der Menschen und die Staatsvernichtung – hat er in den letzten Kriegsmonaten bewußt herbeigeführt. Er hat sogar noch Schlimmeres gewollt: Sein letztes Programm für Deutschland war der Volkstod. Spätestens in seiner letzten Phase wurde Hitler zum bewußten Verräter an Deutschland.

Das ist der jüngeren Generation der heute lebenden Deutschen nicht mehr so bewußt wie denen, die es miterlebt haben. Gerade über den Hitler der letzten Monate hat sich eine Legende gebildet: keine schmeichelhafte Legende, aber doch eine, die ihn von der Verantwortung für die Agonie des Deutschland von 1945 gewissermaßen freispricht. Danach war Hitler in der letzten Kriegsphase nur noch ein Schatten seiner selbst, ein schwerkranker Mann, ein menschliches Wrack, seiner Entschlußkraft beraubt und der Katastrophe um ihn herum wie gelähmt zuschauend. Er hatte – so das Bild, das sich aus den geläufigen Darstellungen der Monate Januar bis April 1945 ergibt – jede Kontrolle über die Ereignisse verloren, dirigierte von seinem Bunker aus Armeen, die es nicht mehr gab, wechselte zwischen unbeherrschten Wutanfällen und lethargischer Resignation, phantasierte bis fast zum letzten Augenblick vom Endsieg in den Trümmern Berlins, kurz: er war für die Realität blind, war gewissermaßen unzurechnungsfähig geworden.

Dieses Bild läßt die Hauptsache weg. Gewiß war Hitlers Gesundheitszustand 1945 nicht mehr der beste; gewiß war er gealtert und nach fünf Kriegsjahren mit den Nerven schwer mitgenommen (wie übrigens auch Churchill und Roosevelt), und gewiß erschreckte er seine Umgebung durch zunehmende Verfinsterung und immer häufigere Wutausbrüche. Aber über der Verlockung, das alles in effektvollen Schwarz- und Schwefelfarben auszumalen und in Götterdämmerungsszenen zu schwelgen, wird oft eins übersehen: daß gerade der Hitler der letzten Monate noch einmal, was Entschlußkraft und Durchsetzungswillen anbetraf, zu höchster Form auflief. Ein gewisses Erlahmen des Willens, eine Erstarrung in einfallsloser Routine läßt sich eher in der vorangehenden Periode feststellen, im Jahre 1943 – in dem Goebbels in seinen Tagebüchern besorgt eine »Führerkrise« konstatiert – und auch noch im ersten Halbjahr 1944. Aber im Angesicht der Niederlage ist Hitler wieder ganz da, wie galvanisiert. Seine Hand mag jetzt zittern, aber der Zugriff dieser zitternden Hand ist immer noch – oder wieder – jäh und tödlich. Die zähneknirschende Entschlossenheit und hektische Aktivität des körperlich verfallenden Hitler in den Monaten August 1944 bis April 1945 ist erstaunlich und kann sogar in gewissem Sinne bewundernswert genannt werden; nur daß sie sich immer deutlicher, zum Schluß eindeutig, auf ein unvermutetes, heute wieder manchem unglaubwürdig klingendes Ziel richtet: den totalen Ruin Deutschlands.

Im Anfang ist das noch nicht klar zu erkennen; am Ende unverkennbar. Die Politik Hitlers in dieser Schlußphase hat drei deutlich geschiedene Phasen. In der ersten (August bis Oktober 1944) verhinderte er erfolgreich den Abbruch des verlorenen Krieges und sorgte für einen Endkampf. In der zweiten (November 1944 bis Januar 1945) machte er einen überraschenden letzten Ausfall: nach Westen. In der dritten aber (Februar bis April 1945) betrieb er mit derselben Energie, die er bis 1941 seinen Eroberungen und von 1942 bis 1944 der Vernichtung der

Juden gewidmet hatte, die totale Zerstörung Deutschlands. Um zu sehen, wie sich dieses letzte Ziel Hitlers allmählich herauskristallisierte, müssen wir Hitlers Wirken in den letzten neun Kriegsmonaten jetzt etwas genauer betrachten.

Die Kriegslage entsprach Ende August 1944 militärisch ziemlich genau der von Ende September 1918, in der der damalige deutsche Militärdiktator, Ludendorff, das Handtuch geworfen hatte. Das heißt: die Niederlage war nach menschlichem Ermessen nicht mehr abzuwenden, das Ende abzusehen. Aber das Ende war noch nicht da, die Niederlage noch nicht vollzogen – in beiden Fällen noch nicht. Noch stand kein feindlicher Soldat auf deutschem Boden; und 1918 wäre es wahrscheinlich noch ebenso möglich gewesen, den Krieg bis ins nächste Jahr hinzuziehen, wie es dann 1944/45 geschah.

Ludendorff war in dieser Lage bekanntlich zu der Überzeugung gelangt, die er in die Worte faßte: »Der Krieg war zu beendigen.« Er hatte ein Waffenstillstandsgesuch erwirkt, und er hatte seine politischen Gegner an die Regierung gerufen, um das Waffenstillstandsgesuch glaubwürdiger zu machen und Deutschland eine weniger belastete, verhandlungsfähige Vertretung zu geben. Indem er dann später diese seine selbsternannten Konkursverwalter (»sie sollen die Suppe auslöffeln«) anklagte, das unbesiegte Heer von hinten erdolcht zu haben, hat er seine Handlungsweise vom September 1918 nachträglich in ein häßliches Licht gerückt. Für sich selbst betrachtet aber war diese Handlungsweise die eines verantwortungsbewußten Patrioten, der sich in der Niederlage das Ziel setzt, seinem Lande das Schlimmste zu ersparen und zu retten, was zu retten ist.

Hitler tat am 22. August 1944 genau das Gegenteil von dem, was Ludendorff am 29. September 1918 getan hatte: In einer »Aktion Gewitter« ließ er schlagartig rund fünftausend ehemalige Minister, Bürgermeister, Parlamentarier, Parteifunktionäre und politische Beamte der Weimarer Republik verhaften und festsetzen, unter ihnen übrigens Konrad Adenauer und Kurt Schumacher, die beiden späteren Protagonisten in der Gründungsperiode der Bundesrepublik. Das war genau die Menschengruppe, der Ludendorff in der entsprechenden Lage die Regierung übergeben und die Liquidierung des Krieges übertragen hatte, sozusagen die politische Reserve Deutschlands. Ludendorff hatte sie angesichts der unabwendbaren Niederlage ans Ruder geholt; Hitler, in der gleichen Situation, schaltete sie aus. Die Aktion, damals unveröffentlicht, ist auch in den Geschichtsdarstellungen merkwürdig unbeachtet geblieben; sie wird meist mit der Verfolgung der 20. Juli-Verschwörer in Zusammenhang gebracht, mit der sie nichts zu tun hatte. Sie war vielmehr das erste Anzeichen, daß Hitler jeder möglichen Wiederholung des seiner Meinung nach vorzeitigen Kriegsabbruchs von 1918 vorbeugen wollte: daß er entschlossen war, auch ohne sichtbare Chance bis zum bitteren Ende weiterzukämpfen – in seinen Worten: »bis fünf Minuten nach zwölf« – und sich darin durch niemanden stören zu lassen.

Über diesen Entschluß in diesem Zeitpunkt kann man noch verschieden denken. In aller Geschichte hat es bei Niederlagen zwei Denkrichtungen und zwei Handlungsweisen gegeben: man kann sie die praktische und die heroische nennen. Die eine ist darauf aus, möglichst viel Substanz zu retten; die andere, eine herzerhebende Legende zu hinterlassen. Für beide ist unter Umständen etwas zu sagen; für die zweite sogar noch dies, daß die Zukunft ja nie ganz vorhersehbar ist und das anscheinend Unabwendbare manchmal doch noch abgewendet wird. Die deutsche Geschichte enthält dafür das berühmte Beispiel Friedrichs des Großen, der 1760 in der gleichen Lage war wie Ludendorff 1918 und Hitler 1944 und der dann durch »das Mirakel des Hauses Brandenburg«, den unvorhergesehenen russischen Thron- und Bündniswechsel, gerettet wurde. Hätte er aufgegeben, wäre der rettende Zufall zu spät gekommen. Freilich: Mirakel sind in der Geschichte die Ausnahme, nicht die Regel, und wer auf sie baut, spielt in einer Lotterie mit wenig Gewinnlosen.

Das Beispiel Friedrichs ist in der deutschen Propaganda des letzten Kriegsjahres kräftig strapaziert worden, aber ob es unter Hitlers Motiven wirklich eine große Rolle gespielt hat, ist zu bezweifeln. Ein moderner Nationalkrieg ist schließlich etwas anderes, als es die Kabinettskriege des achtzehnten Jahrhunderts waren. Viel näher liegt es, die ausschlaggebende Rolle unter Hitlers Motiven dem negativen Beispiel des November 1918 zuzuschreiben. Erinnern wir uns: November 1918 war Hitlers Erweckungserlebnis gewesen, die tränentreibende Wut über den – seiner Meinung nach vorzeitig – verlorengegebenen Krieg seine unvergeßliche Jugenderfahrung, und der Vorsatz, nie wieder einen November 1918 zuzulassen, der ursprüngliche Hauptimpuls bei seinem Entschluß, Politiker zu werden. Nun war es soweit, nun war Hitler gewissermaßen am Ziel: Ein November 1918 stand wieder vor der Tür, und Hitler war in der Lage, ihn diesmal zu verhindern. Dazu war er entschlossen.

Nicht ganz zu übersehen ist dabei aber bereits zu diesem Zeitpunkt der 1918 übermächtige, jetzt wieder auflebende Haß gegen die deutschen »Novemberverbrecher« – seine Landsleute. In »Mein Kampf« hatte Hitler mit ingrimmiger Zustimmung den angeblichen Ausspruch eines englischen Journalisten aus der Zeit nach 1918 zitiert: »Jeder dritte Deutsche ist ein Verräter.« Jetzt ließ er jeden Deutschen, der den naheliegenden und zutreffenden Gedanken aussprach, daß der Krieg verloren sei, und durchblicken ließ, daß er ihn zu überleben wünsche, gnadenlos aufhängen oder köpfen. Hitler war immer ein großer Hasser gewesen und hatte viel innere Freude am Töten gehabt. Die Hitlersche Haßkraft, der Mordtrieb in Hitler, der sich jahrelang an Juden, Polen und Russen ausgetobt hatte, wendete sich jetzt offen auch gegen Deutsche.

Wie auch immer, Hitler entfaltete im Spätsommer und Frühherbst 1944 noch einmal eine Energie und Leistungskraft, die an seine stärksten Zeiten erinnerte. Ende August hatte es im Westen kaum mehr eine Front gegeben, und auch im Osten, in Hitlers Worten, »mehr Loch als Front«. Ende Oktober standen beide Fronten noch einmal, die alliierten Offensiven waren zum Stillstand gekommen, und zu Hause hatte Hitler den Volkssturm aufgeboten – alle Männer von sechzehn bis sechzig Jahren wurden zum Volkskrieg mobilisiert. Kampfmoral hielt Hitler durch eifrig ausgestreute Propagandagerüchte über eine Wunderwaffe aufrecht, die er noch in Reserve habe. In Wirklichkeit freilich besaß nicht Deutschland die Atombombe – die tatsächliche Wunderwaffe des Jahres 1945 –, sondern Amerika; und es ist ein merkwürdiger Gedanke, daß der lange, bittere und blutige totale Verteidigungskrieg, den Hitler wünschte und für den er Deutschland im Herbst 1944 noch einmal in Form brachte, wäre er Wirklichkeit geworden, die ersten Atombomben auf Deutschland statt auf Japan gezogen haben würde.

Aber Hitler selbst sorgte dafür, daß es dazu nicht kam, indem er die Kräfte, die er für diesen Verteidigungskrieg aufgespeichert hatte, kaum zusammengekratzt, wieder verpulverte. Im November 1944 beschloß er, noch einmal offensiv zu werden; und zwar im Westen. Am 16. Dezember 1944 traten die Deutschen in den Ardennen zum letzten Mal zum Angriff an.

Auf die Ardennenoffensive müssen wir jetzt, zum Unterschied von allen anderen militärischen Episoden des Zweiten Weltkriegs, etwas ausführlicher eingehen. Denn sie war mehr als eine Episode. Ihr verdankt Deutschland die Besatzungsgrenzen, die schließlich Teilungsgrenzen wurden. Und mit ihr beginnt Hitlers Wendung gegen sein eigenes Land.

Die Ardennenoffensive, mehr als jede andere Unternehmung des Zweiten Weltkriegs Hitlers eigenstes Werk, war, militärisch gesehen, ein Wahnsinnsunternehmen. Eine Offensive erforderte unter den damaligen Bedingungen technischer Kriegführung, um erfolgreich zu sein, eine Überlegenheit von mindestens drei zu eins. Das Kräfteverhältnis an der Westfront belief sich aber im Dezember 1944 für die deutsche Seite zu Lande auf weniger als eins zu eins, von der überwältigenden alliierten Luftüberlegenheit ganz abgesehen. Der Schwächere sprang den Stärkeren an. Um auch nur an der örtlichen Angriffsfront eine knappe momentane Überlegenheit zu erzielen, hatte Hitler außerdem die Verteidigungsfront im Osten bis auf das Skelett entblößen müssen, und das hatte er getan, trotz verzweifelter Warnungen seines damals amtierenden Generalstabschefs Guderian, daß die Russen sich zu einer gewaltigen Offensive massierten. Hitler spielte also gleich doppelt vabanque: Wenn die Offensive im Westen scheiterte – womit nach dem Kräfteverhältnis zu rechnen war –, verbrauchte sie dort die Kräfte, die für eine spätere Verteidigung des westlichen Reichsgebiets nötig gewesen

wären, und zugleich machte diese Offensive schon jetzt die
Verteidigung im Osten aussichtslos, wenn die Russen
angriffen – womit ebenfalls zu rechnen war.

Beides traf denn auch ein. Die Ardennenoffensive scheiterte, die Russen griffen an. Obwohl anfangs von Nebel-
wetter begünstigt, das die alliierten Luftflotten am Boden
hielt, hatte die Offensive nur wenige Tage der Vorweih-
nachtswoche unzureichende Erfolge. Dann klarte der
Himmel auf, in den Weihnachtstagen wurden die beiden
deutschen Panzerarmeen, die den Angriff getragen hatten,
aus der Luft zerschlagen, in der ersten Januarwoche
wurden ihre Trümmer in die Ausgangsstellungen zurück-
gerollt; und am 12. Januar überrannten die Russen den
dünnen Schleier, der von der deutschen Ostfront übrig-
geblieben war, und rollten in einem Zug von der Weichsel
bis zur Oder. Das war alles vorauszusehen gewesen, und
Guderian hatte es Hitler wiederholt mit verzweifelter
Eindringlichkeit vorgerechnet. Aber Hitler hatte nichts
hören wollen. Die Ardennenoffensive war seine eigenste
Idee gewesen – seine vorletzte (die letzte werden wir noch
kennenlernen); und er bestand auf ihrer Durchführung
mit aller Verbissenheit.

Warum? Darüber wird heute noch gerätselt. Militärische
Gründe scheiden aus. Hitler war nicht der blutige Laie
in militärischen Dingen, als der er heute gern dargestellt
wird. Er konnte, nach seinem militärischen Wissens-
stand, über die Erfolgsaussichten seines Unternehmens
keine Illusionen haben. Daß er den beteiligten Offizieren
(die er vorher versammelte, um ihnen Mut zu machen)
solche Illusionen vorgaukelte, beweist nicht, daß er sie
teilte.

Eher lassen sich außenpolitische Motive vermuten. Eine
Offensive im Westen, auch wenn sie erfolglos blieb, auch –
und gerade – wenn Hitler um ihretwillen seine Ostfront
schwächte und den deutschen Osten einer russischen
Invasion öffnete, konnte als ein Signal an die westlichen
Staatsmänner gelten, daß Hitler jetzt in ihnen, und nicht
mehr in Rußland, den Hauptfeind sah; daß er seine ganze
verbleibende Kraft im Westen einsetzen wollte, selbst
wenn ganz Deutschland darüber russisch-besetztes Gebiet
werden sollte. Man könnte sagen: Hitler wollte die West-

mächte vor die Wahl stellen zwischen einem nationalsozialistischen und einem bolschewisierten Deutschland; vor die Frage: »Wen wollt ihr lieber am Rhein haben – Stalin oder mich?« Und er mochte immer noch glauben, daß sie ihn dann vorziehen würden. Worin er sich natürlich täuschte – *wenn* er es glaubte. Roosevelt war im Jahre 1945 überzeugt, daß er mit Stalin gedeihlich zusammenarbeiten könne. Churchill teilte diese Überzeugung nicht; aber vor die Wahl gestellt, hätte auch er Stalin Hitler noch immer vorgezogen. Hitler hatte sich durch seine Massenmorde im Westen vollkommen unmöglich gemacht. Aber denkbar ist, daß er selbst das nicht sah – so wenig wie Himmler, der ja noch im April den Westmächten das naive Angebot einer Kapitulation im Westen und einer gemeinsamen Fortsetzung des Krieges im Osten machte. Selbst *wenn* er es sah: es gibt Anhaltspunkte dafür, daß er, seinerseits vor die Wahl gestellt, 1945 die Niederlage im Osten der im Westen wirklich vorzog – im Gegensatz zu seinen deutschen Landsleuten, denen vor dem Russensturm grauste, während viele von ihnen um diese Zeit die Besetzung durch Amerikaner und Engländer geradezu wie eine Erlösung herbeizusehnen begannen. Hitlers Respekt vor Stalin war während des Krieges gewachsen, während er gegen Roosevelt und Churchill einen tiefen Haß entwickelt hatte. Es läßt sich ein doppelbödiger Gedankengang Hitlers vorstellen, der sich so formulieren ließe: Vielleicht jagt die unerwartete Demonstration äußerster Kampfentschlossenheit im Westen bei Hinnahme der drohenden Niederlage im Osten den Westmächten einen Schrecken ein, der sie doch noch im letzten Augenblick kompromißbereit macht; wenn aber nicht – auch gut; dann wird es eben wirklich die Niederlage im Osten, und die Westmächte werden sehen, was sie davon haben. Zugegebenermaßen eine gewundene Gedankenführung.

Viel unkomplizierter stellt sich aber Hitlers Gedankengang dar, wenn man annimmt, daß sein Hauptmotiv bereits jetzt gar nicht mehr außenpolitisch, sondern innenpolitisch war und sich in Wahrheit gegen sein eigenes Volk richtete. Zwischen der Masse der deutschen Bevölkerung und Hitler hatte sich nämlich im Herbst 1944 eine Kluft aufgetan. Die Masse der Deutschen wollte den aussichtslosen Endkampf nicht mehr, den Hitler wollte: Sie wollte, daß Schluß gemacht werde, wie im Herbst 1918, sie wollte ein Ende, und zwar ein möglichst glimpfliches Ende, also ein Ende im Westen. Die Russen draußenhalten und die Westmächte hereinlassen: das war Ende 1944 das heimliche Kriegsziel der meisten Deutschen geworden. Und das konnte Hitler ihnen mit der Ardennenoffensive noch versalzen. Er konnte nicht alle köpfen lassen, die so dachten: es waren zu viele, und die meisten hüteten sich, ihren Gedanken auszusprechen. Aber er konnte dafür sorgen, daß sie, wenn sie nicht mit ihm durch dick und dünn gingen, der russischen Rache ausgeliefert wurden. Ihren Wunsch nach einer erlösenden Besetzung durch die Amis und Tommys konnte er ihnen noch austreiben – und dazu war er grimmig entschlossen. So betrachtet, hatte die Ardennenoffensive, die militärisch reiner Wahnsinn und außenpolitisch bestenfalls eine verstiegene Spekulation war, plötzlich einen klaren Sinn; und deswegen wird es wohl das Richtige sein, sie so zu betrachten. Das heißt aber, daß Hitler bereits jetzt Politik gegen Deutschland und die Deutschen machte.

Dafür spricht auch, daß Hitler mit der Ardennenoffensive von seiner Verteidigungskonzeption des August 1944 deutlich abging. Die war auf einen Schrecken ohne Ende abgestellt gewesen: steifen, hinhaltenden Widerstand an allen Fronten und, wo die Armeen weichen mußten, totalen Volkskrieg in allen verlorengehenden Gebieten. Die Ardennenoffensive aber zielte eher auf ein Ende mit Schrecken, ein Ausbrennen der letzten militärischen Kräfte in einer letzten hoffnungslosen Angriffsschlacht. Wenn man sich fragt, warum Hitler sich plötzlich umentschloß, dann starrt einen die Antwort ins Gesicht: Weil er sah, daß aus dem totalen Volkskrieg nichts mehr werden würde, daß die Masse der deutschen Bevölkerung ihn nicht wollte. Sie dachte und fühlte nicht mehr, wie Hitler dachte und fühlte. Gut, dann sollte sie dafür bestraft werden – und zwar mit dem Tode: Das war Hitlers letzter Entschluß.

Man mag darüber streiten können, ob er sich schon in der Ardennenoffensive unausgesprochen manifestierte. Klare und unwiderlegliche Form jedenfalls gewann er in den Führerbefehlen vom 18. und 19. März 1945, mit denen Hitler Deutschland zum Volkstod verurteilte.

Zu dieser Zeit standen die Russen an der Oder, und die Amerikaner waren über den Rhein. An ein Halten war nicht mehr zu denken, die Begegnung der westlichen und östlichen Alliierten in der Mitte Deutschlands nur noch eine Frage von Wochen. Sehr verschieden aber war das Verhalten der Bevölkerung in den östlichen und westlichen Kampf- und Rückzugsgebieten: Im Osten floh sie in Massen; im Westen blieb sie, wo sie war, hängte Tischtücher und Bettlaken als Zeichen der Übergabe aus den Fenstern und beschwor oft die deutschen Offiziere, ihr Dorf oder ihre Stadt nicht mehr zu verteidigen und sie so vor Zerstörung in letzter Stunde zu bewahren.

Auf diese Einstellung der Bevölkerung im Westen gab Hitler in dem ersten der beiden Führerbefehle, dem vom 18. März, seine Antwort. Er befahl, die westdeutschen Invasionsgebiete »sofort, hinter dem Hauptkampffeld beginnend, von sämtlichen Bewohnern zu räumen«. Der Befehl wurde in der Lagebesprechung dieses Tages abgefaßt, und ungewohnterweise erhob sich Widerspruch dagegen. Albert Speer, Hitlers früherer Architekt und damaliger Rüstungsminister, heute der letzte überlebende Zeuge der letzten Phase Hitlers, berichtet darüber:

»Einer der anwesenden Generale redete auf Hitler ein, es sei unmöglich, die Evakuierung von Hunderttausenden durchzuführen. Züge stünden doch gar nicht mehr zur Verfügung. Der Verkehr sei längst vollständig zusammengebrochen. Hitler blieb ungerührt. ›Dann sollen sie zu Fuß marschieren!‹ erwiderte er. Auch das sei nicht zu organisieren, warf der General ein, dazu sei Verpflegung notwendig, der Menschenstrom müsse durch wenig besiedelte Gebiete geleitet werden, auch hätten die Menschen nicht das notwendige Schuhwerk. Er kam nicht zu Ende. Unbeeindruckt wandte Hitler sich ab.«

Kam schon der Befehl, sämtliche Einwohner des deutschen Westens unverpflegt auf einen Marsch ohne Ziel zu setzen, den man nur einen Todesmarsch nennen konnte, einem versuchten Massenmord gleich, begangen diesmal an Deutschen, so machte der zweite Führerbefehl vom 19. März, der sogenannte »Nerobefehl«, die Absicht vollends deutlich, den Deutschen, und zwar nunmehr *allen* Deutschen, jede Überlebensmöglichkeit zu nehmen. Sein entscheidender Absatz lautet:

»Alle militärischen Verkehrs-, Nachrichten-, Industrie- und Versorgungsanlagen sowie Sachwerte innerhalb des Reichsgebiets, die sich der Feind für die Fortsetzung seines Kampfes irgendwie sofort oder in absehbarer Zeit nutzbar machen kann, sind zu zerstören.«

Und zur Erläuterung erklärte Hitler dem protestierenden Speer nach dessen Zeugnis »in eisigem Ton«:

»Wenn der Krieg verloren geht, wird auch das Volk verloren sein. Es ist nicht notwendig, auf die Grundlagen, die das deutsche Volk zu seinem primitivsten Weiterleben braucht, Rücksicht zu nehmen. Im Gegenteil, ist es besser, selbst diese Dinge zu zerstören. Denn das Volk hat sich als das schwächere erwiesen, und dem stärkeren Ostvolk gehört ausschließlich die Zukunft. Was nach diesem Kampf übrigbleibt, sind ohnehin nur die Minderwertigen, denn die Guten sind gefallen.«

Man ist an den Ausspruch erinnert, den Hitler schon am 27. November 1941 getan hatte, als die Möglichkeit des Scheiterns zum ersten Mal aufgetaucht war, und den wir schon einmal zitiert haben. Rufen wir ihn uns ins Gedächtnis zurück. Hitler hatte damals gesagt: »Ich bin auch hier eiskalt. Wenn das deutsche Volk einmal nicht mehr stark und opferbereit genug ist, sein Blut für seine Existenz einzusetzen, so soll es vergehen und von einer anderen, stärkeren Macht vernichtet werden. Ich werde dem deutschen Volk keine Träne nachweinen.« Jetzt war es soweit, und jetzt machte er Ernst damit.

Die beiden Befehle Hitlers vom 18. und vom 19. März 1945 sind nicht mehr vollständig durchgeführt worden. Sonst wäre ja von den Deutschen, wie Goebbels zwei Jahre vorher von den Juden gemeint hatte, wirklich nicht mehr viel übrig geblieben. Speer tat sein Bestes, die Ausführung des Zerstörungsbefehls zu sabotieren. Es gab auch andere NS-Funktionäre, die vor dem Äußersten zurückschreckten; oft widersetzten sich auch die unmittelbar Betroffenen, mit mehr oder weniger Erfolg, der Zerstörung ihrer Existenzgrundlage; und schließlich sorgte das schnelle, nur noch selten durch ernstlichen Widerstand aufgehaltene Vorrücken der Alliierten dafür, daß den Deutschen die ganze Schwere des Schicksals, das ihnen Hitler zugedacht hatte, erspart blieb.

Man darf sich aber die Dinge auch nicht so vorstellen, als ob Hitlers letzte Befehle vollständig in den Wind gesprochen gewesen wären und gar keine realen Auswirkungen mehr gehabt hätten. Teile Deutschlands waren Mitte März 1945 noch unbesetzt. Dort war ein Führerbefehl noch oberstes Gesetz, und immer noch gab es unter den Partei- und SS-Funktionären auch Fanatiker, die wie ihr Führer dachten und fühlten. Sie wetteiferten jetzt sechs Wochen lang mit den feindlichen Luftwaffen und der feindlichen Artillerie in der endgültigen Zerstörung Deutschlands, und es gibt viele Berichte, die erkennen lassen, daß die Bevölkerung der meisten deutschen Städte und Landstriche in den letzten Kriegswochen zwischen zwei Feuer geriet und die eigenen Zerstörungskommandos und SS-Patrouillen mehr zu fürchten lernte als den Feind.

Tatsächlich war der Vorsatz Hitlers, den sie ausführten, grausamer als der feindliche: Die feindlichen Armeen, jedenfalls die westlichen, waren ja nicht darauf aus, »die Grundlagen, die das deutsche Volk zu seinem primitivsten Weiterleben braucht..., zu zerstören«. Die Folge war denn auch, daß die feindliche Besetzung, die nun rasch vor sich ging, jedenfalls im Westen ganz überwiegend als Erlösung begrüßt wurde und daß die Amerikaner, Briten und Franzosen, die erwartet hatten, ein Volk von Nationalsozialisten vorzufinden, statt dessen auf ein gründlich desillusioniertes Volk stießen, das nichts mehr mit Hitler zu schaffen haben wollte. Sie hielten das damals oft für servile Verstellung; das war es aber in den wenigsten Fällen. Die Menschen fühlten sich wirklich von ihrem Führer verraten, und mit Recht. Die »Umerziehung«, die die Alliierten sich vorgenommen hatten, hatte in seinen letzten Wochen Hitler auf drastische Weise selbst vollzogen. Den Deutschen war es in diesen Wochen gegangen wie einer Frau, deren Liebhaber sich plötzlich als ihr Mörder entpuppt und die schreiend die Hausbewohner zu Hilfe ruft gegen den Mann, mit dem sie sich eingelassen hat. Machen wir uns den Sachverhalt ganz klar: Es ging Hitler bei den Vernichtungsbefehlen vom 18. und 19. März 1945 nicht mehr um einen heroischen Endkampf, wie noch im Herbst 1944. Zu einem heroischen Endkampf konnte es nicht dienen, die Deutschen zu Hunderttausenden auf einen Todesstreck ins Landesinnere zu schicken und dort gleichfalls alles, was sie für primitivstes Weiterleben brauchten, zerstören zu lassen. Vielmehr konnte der Zweck dieser letzten, nunmehr gegen Deutschland gerichteten, Massenmordaktion Hitlers nur der sein, die Deutschen dafür zu bestrafen, daß sie sich für einen heroischen Endkampf nicht mehr willig genug hingegeben, also der ihnen von Hitler bestimmten Rolle entzogen hatten. Das war in Hitlers Augen ein todeswürdiges Verbrechen – war es schon immer gewesen. Ein Volk, daß die ihm zudiktierte Rolle nicht annahm, mußte sterben: So hatte Hitler schon immer gedacht, und insoweit stellt Hitlers mörderische Wendung gegen Deutschland am Ende des Krieges eine merkwürdige Parallele dar zu seiner mörderischen Wendung gegenüber Polen an seinem Anfang.

Die Polen waren ja von Hitler ursprünglich keineswegs wie die Juden und Russen zu massenhafter Ermordung vorgesehen gewesen. Die Rolle, die er ihnen zugedacht hatte, war vielmehr eine ähnliche gewesen wie die der Rumänen: die Rolle eines untergeordneten Verbündeten und Hilfsvolks in dem immer geplanten Eroberungskrieg gegen Rußland. Ihre Verweigerung dieser Rolle war der tatsächliche Grund des Hitlerschen Krieges gegen Polen gewesen – nicht etwa Danzig, das ja schon seit Jahren mit vollem polnischem Einverständnis von einem nationalsozialistischen Senat ganz nach Hitlers Wünschen regiert worden war; Danzig war nur ein Vorwand. Das Interessante ist nun aber, daß Hitler den Krieg gegen Polen, nachdem er ihn militärisch gewonnen hatte, keineswegs dazu benutzte, sein ursprüngliches Ziel zu verwirklichen, also den Polen das von ihnen verweigerte Bündnisverhältnis aufzunötigen, was politisch konsequent und nach Lage der Dinge wahrscheinlich kein Ding der Unmöglichkeit gewesen wäre; sondern daß er jetzt Polen zum Gegenstand einer sinnlosen, wütenden fünfjährigen Straf- und Racheorgie machte, in der sich sein Vernichtungstrieb unter Ausschaltung seiner politischen Vernunft zum ersten Mal austobte. In Hitler lebte eben neben dem hochbegabten

Politiker, der er war, immer auch ein Massenmörder. Und wenn er seinem Mordtrieb auch ursprünglich nur die Juden und Russen als Opfer ausersehen hatte: wo sein Wille durchkreuzt wurde, gewann der Mordtrieb über das politische Kalkül die Oberhand. So am Anfang des Krieges in Polen; und so am Ende des Krieges in Deutschland.

Den Deutschen hatte Hitler freilich eine weit größere Rolle zugemessen gehabt als seinerzeit den Polen: erst die eines welterobernden Herrenvolkes; dann wenigstens die eines der ganzen Welt widerstehenden Heldenvolks. Aber auch die Deutschen hatten zum Schluß nicht mehr gespurt – gleichgültig ob aus Schwäche oder aus sträflicher Widersetzlichkeit. Und so fielen auch sie schließlich unter Hitlers Todesurteil: Sie sollten »vergehen und vernichtet werden«, um ihn noch einmal zu zitieren.

Hitlers Verhältnis zu Deutschland hatte von Anfang an Seltsamkeiten aufgewiesen. Einige englische Historiker haben im Kriege zu beweisen versucht, daß Hitler das sozusagen vorbestimmte Produkt der ganzen deutschen Geschichte gewesen sei; daß von Luther über Friedrich den Großen und Bismarck eine gerade Linie auf Hitler zulaufe. Das Gegenteil ist richtig. Hitler steht in keiner deutschen Tradition, am wenigsten in der protestantisch-preußischen, die, Friedrich und Bismarck nicht ausgenommen, eine Tradition nüchtern-selbstlosen Dienstes am Staatswohl gewesen ist. Nüchtern-selbstloser Dienst am Staatswohl aber ist das letzte, was man Hitler – auch dem erfolgreichen Hitler der Vorkriegsjahre – zubilligen kann. Die deutsche Staatlichkeit – nicht nur in ihrem rechtsstaatlichen, auch in ihrem ordnungsstaatlichen Aspekt – hatte er von Anfang an der beabsichtigten Totalmobilisierung der Volkskräfte und, nicht zu vergessen, der eigenen Unabsetzbarkeit und Unersetzlichkeit aufgeopfert; das haben wir bereits in früheren Kapiteln dargelegt. Nüchternheit hatte er planmäßig durch Massenrausch ersetzt; man kann sagen, daß er sechs Jahre sich selbst den Deutschen wie eine Droge verabreicht hatte – die er ihnen dann allerdings im Kriege plötzlich entzog. Und was die Selbstlosigkeit betrifft, so ist Hitler wohl das extreme Beispiel eines Politikers, der sein persönliches Sendungsbewußtsein über alles stellte und Politik nach den Maßstäben seiner persönlichen Biographie machte; wir brauchen das alles nicht mehr ausführlich zu wiederholen. Wenn wir uns der Darstellung seiner politischen Weltanschauung erinnern, fällt uns auch wieder auf, daß er überhaupt nicht in Staaten dachte, sondern in Völkern und Rassen; was nebenbei das Rohe seiner politischen Operationen erklärt, und zugleich seine Unfähigkeit, militärische Siege in politische Erfolge umzusetzen: Die politische Zivilisation Europas – selbstverständlich auch Deutschlands – hatte ja seit dem Ende der Völkerwanderung darauf beruht, Kriege und Kriegsfolgen innerhalb des Staatengefüges zu halten und Völker und Rassen unangetastet zu lassen.

Hitler war kein Staatsmann, und schon damit fällt er aus der deutschen Geschichte heraus. Man kann ihn aber auch nicht eigentlich einen Volksmann nennen, wie etwa Luther – mit dem er nur das eine gemein hat, daß er in der deutschen Geschichte ein Unikum ist, ohne Vorläufer und Nachfolger. Aber während Luther in vielen Zügen den deutschen Nationalcharakter geradezu personifiziert, paßt Hitlers Persönlichkeit ungefähr so, wie seine Parteitagsbauten nach Nürnberg paßten – also wie die Faust aufs Auge. Die Deutschen haben übrigens auch in der Zeit ihrer größten Führergläubigkeit dafür einen gewissen Sinn bewahrt. In ihre Bewunderung war immer auch ein Zug Verwunderung gemischt, Verwunderung darüber, daß gerade ihnen so etwas Unerwartetes, so Fremdartiges wie Hitler beschert war. Hitler war für sie ein Wunder – ein »Gottesgesandter«, was, prosaischer ausgedrückt, immer auch bedeutet: ein unerklärlich von außen Hereingeschneiter. Und von außen bedeutet in diesem Fall nicht nur: aus Österreich. Hitler kam für die Deutschen immer von weither; erst eine Weile vom Himmel hoch; nachher dann, daß Gott erbarm, aus den tiefsten Schlünden der Hölle.

Liebte er die Deutschen? Er hatte sich Deutschland ausgesucht – ohne es zu kennen; und eigentlich kennengelernt hat er es nie. Die Deutschen waren sein erwähltes Volk, weil sein eingeborener Machtinstinkt wie eine Magnetnadel auf sie hindeutete als auf das zu seiner Zeit größte Machtpotential Europas; was sie ja waren. Und nur als Machtinstrument haben sie ihn je wirklich interessiert. Er hatte großen Ehrgeiz für Deutschland, und darin traf er sich mit den Deutschen seiner Generation; die Deutschen waren damals ein ehrgeiziges Volk – ehrgeizig und zugleich politisch ratlos; beides zusammen gab Hitler seine Chance. Aber der deutsche Ehrgeiz und Hitlers Ehrgeiz für Deutschland waren nicht deckungsgleich – welcher Deutsche wollte je in Rußland siedeln? –, und Hitler fehlte das Ohr für feinere Unterschiede. Einmal an der Macht, hörte er jedenfalls nicht mehr hin. Sein Ehrgeiz für Deutschland glich mehr und mehr dem Ehrgeiz eines Züchters und Rennstallbesitzers für seine Pferde. Und zum Schluß handelte Hitler wie ein jähzorniger enttäuschter Rennstallbesitzer, der sein bestes Pferd zu Tode prügeln läßt, weil es nicht imstande gewesen ist, das Derby zu gewinnen.

Die Vernichtung Deutschlands war das letzte Ziel, das Hitler sich setzte. Er hat es nicht ganz erreichen können, so wenig wie seine anderen Vernichtungsziele. Erreicht hat er damit, daß Deutschland sich am Ende von ihm lossagte – schneller als erhofft, und auch gründlicher. Dreiunddreißig Jahre nach dem endgültigen Sturz Napoleons wurde in Frankreich ein neuer Napoleon zum Präsidenten der Republik gewählt. Dreiunddreißig Jahre nach Hitlers Selbstmord hat niemand in Deutschland auch nur die kleinste politische Außenseiterchance, der sich auf Hitler beruft und an ihn anknüpfen will. Das ist nur gut so. Weniger gut ist, daß die Erinnerung an Hitler von den älteren Deutschen verdrängt ist und daß die meisten Jüngeren rein gar nichts mehr von ihm wissen. Und noch weniger gut ist, daß viele Deutsche sich seit Hitler nicht mehr trauen, Patrioten zu sein. Denn die deutsche Geschichte ist mit Hitler nicht zu Ende. Wer das Gegenteil glaubt und sich womöglich darüber freut, weiß gar nicht, wie sehr er damit Hitlers letzten Willen erfüllt.

DER NATIONALSOZIALISMUS
DOKUMENTE 1933–1945

Herausgegeben und kommentiert
von Walther Hofer

Fischer Taschenbuch Band 6084

Die Erfahrung hat gelehrt, daß geschichtliche Ereignisse erst in gehörigem Abstand interpretiert und sachlich
dargestellt werden können. Aus diesem Grunde unter-
lagen auch viele Publikationen über das Phänomen des
Nationalsozialismus tendenziösen Einflüssen und be-
gegneten dadurch zum Teil dem Widerstand der Leser-
schaft. Daher wird in diesem Buch versucht, die politischen Ereignisse der jüngsten deutschen Vergangenheit selber sprechen zu lassen.
Die Dokumente, die Walther Hofer, Professor für Neue-
re Geschichte an der Universität Bern, zusammenge-
stellt und kommentiert hat, sprechen eine beredte
Sprache und sind unwiderlegbar. Jeder Satz hat au-
thentischen Aussagewert und steht für eine mensch-
liche und politische Haltung, die als abschreckendes
Exempel der Gegenwart vor Augen geführt werden
muß. Wir hoffen, daß dieses Brevier der Unmensch-
lichkeit, das zugleich die Kräfte eines anderen, besse-
ren Deutschland beschwört, seine Wirkung auf die
Leser nicht verfehlen wird.

FISCHER TASCHENBUCH VERLAG

fi 306/1

»Von der ersten Seite an ein ausbalanciertes Kunstwerk«

Die Zeit

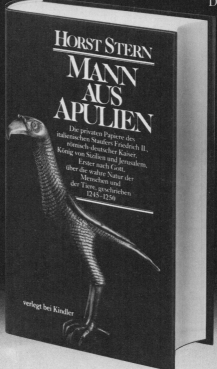

»... Einer der literarisch avanciertesten Texte, die in jüngster Zeit erschienen sind. Historische Lektionen, philosophisches Traktat, naturwissenschaftliche Abhandlung und sinnliche Erzählung: dies alles fließt zusammen zu einer Sprache, deren Schönheit aus einer Genauigkeit des Denkens kommt, wie sie in der Gegenwartsliteratur ihresgleichen sucht.«   Klaus Modik, Die Zeit

verlegt bei Kindler